MANUAL

SUPERANDO PÉRDIDAS EMOCIONALES

MANUAL

SUPERANDO PÉRDIDAS EMOCIONALES

VIGÉSIMO ANIVERSARIO, EDICIÓN AMPLIADA

PROGRAMA DE ACCIÓN PARA SUPERAR LA MUERTE,

EL DIVORCIO Y OTRAS PÉRDIDAS, INCLUYENDO LA SALUD,

LA CARRERA PROFESIONAL Y LA FE.

JOHN W. JAMES Y RUSSELL FRIEDMAN

Manual *Superando Pérdidas Emocionales*. Edición Ampliada de Vigésimo Aniversario.
Edición en Español

Título Original: *The Grief Recovery Handbook*, 20th Anniversary Expanded Edition.

Traducción al Español: Arturo Albin, Alejandra Rivero y Graciela Márquez

Impreso en México

PRIMERA EDICIÓN

Library of Congress Cataloging-in Publication Data

James, John W. and Friedman, Russell

Manual *Superando Pérdidas Emocionales*. Programa Práctico para Superar el Dolor por Muerte, Divorcio y Otras Pérdidas, Incluyendo la Salud, Carrera y la Fe / John W. James y Russell Friedman.

ISBN 9798218506575

Para el hijo que nunca conocí – J. W. J.

Para mi madre – fuiste mi heroína – R.F.

Y para quienes están superando sus pérdidas.

Contenido

Introducción

Sería muy raro que alguien se despertara una mañana diciendo: "El dolor emocional ¡Qué tema tan interesante! Creo que trabajaré en ello el resto de mi vida". Desde luego que no sucedió así en ninguno de nuestros casos. Somos John W. James y Russell Friedman. Juntos representamos al Instituto para la Recuperación del Dolor Emocional, Grief Recovery Institute.

Haremos primero una breve descripción de nuestras vidas, del Instituto y de la evolución del Manual *Superando Pérdidas Emocionales.*

John irrumpió dolorosamente en esta especialidad a raíz de la muerte de su hijo en 1977. Después de encontrar un proceso exitoso para superar su dolor emocional, continuó con su carrera en el campo del diseño de energía solar. Las personas que sabían de su pérdida y sobre cómo se había recuperado empezaron a llevar a sus amigos–quienes pasaban por situaciones similares–para que hablaran con John. Rápidamente, John se dio cuenta de que pasaba más tiempo con personas que habían sufrido una pérdida, que con sus contratistas. Además, encontró más satisfactoria su labor con los primeros.

Después, comprendió que su verdadera vocación era trabajar con quienes deseaban recuperarse del dolor emocional. El resultado: la fundación del Instituto para la Superación de las Pérdidas Emocionales.

Para Russell las cosas fueron diferentes: no sufría por un fallecimiento, sino que enfrentaba un segundo divorcio y la bancarrota. Russell no hubiera asociado sus circunstancias con el concepto de dolor emocional, de no haber sido porque asistió a una conferencia impartida por John sobre la superación del dolor emocional. Durante esa ponencia, Russell se dio cuenta de que había una forma de aliviar los profundos sentimientos de dolor que estaba viviendo. Al día siguiente se presentó en el Instituto para la Superación de las Pérdidas Emocionales como voluntario. Han pasado veintiún años y ahí sigue.

El principio que guía al Instituto para la Superación de las Pérdidas Emocionales *es proporcionar ayuda en el proceso de recuperación de pérdidas emocionales a la mayor cantidad de personas de la manera más rápida posible.* Para lograr esta meta, el Instituto estableció programas comunitarios en Estados Unidos y Canadá. Esos grupos expresaron la necesidad de tener soporte adicional en sus propósitos y la primera versión en inglés de este manual fue escrita e impresa por nosotros mismos como respuesta a esa solicitud. El éxito de la primera edición del manual nos hizo ver que si lo publicábamos con una editorial reconocida, nuestra ayuda podría llegar a más individuos.

En 1988, Harper Collins (entonces Harper & Row) aceptó publicar una edición actualizada, con lo cual muchas personas pudieron tener acceso a nuestro efectivo método para superar las pérdidas emocionales. Esta colaboración resultó un éxito. La cobertura amplia de Harper Collins ha ayudado a que el Manual *Superando Pérdidas Emocionales* esté disponible en todas las comunidades, tanto grandes como pequeñas. Gracias a ello muchas personas se han recuperado de su pesar.

No podemos saber con precisión a cuántas personas han ayudado nuestras tres ediciones previas del Manual *Superando Pérdidas Emocionales*. Estimaciones conservadoras indican que son más de un millón de individuos. Estamos entusiasmados con esta oportunidad de revisar el manual y expresar nuestro más sincero agradecimiento a ustedes, los responsables del éxito de las ediciones anteriores.

Queremos dar las gracias de manera especial a las miles de personas que por medio de cartas y llamadas han compartido con nosotros sus vidas y sus pesares. Al comunicarnos sus necesidades, hemos realizado cambios en el manual; así ayudaremos efectivamente a otras personas que sufren. Asimismo, nuestro reconocimiento a los miles de profesionales que han adoptado nuestro trabajo. Sus sugerencias y apoyo son de valor incalculable.

Y ahora, el Manual *Superando Pérdidas Emocionales*.

En 1998, Harper Collins publicó la edición revisada del manual en inglés *Grief Recovery Handbook, Revised Edition*. Durante los diez años que siguieron a la primera edición de ese libro en 1988, logramos grandes avances ayudando a personas que sufrían emocionalmente. La nueva edición nos permitió transmitir al lector acciones más eficaces en el proceso de recuperación. El material que agregamos en esa edición tuvo el propósito de subrayar la idea original de John: "*Con la información correcta y tomando decisiones acertadas, una persona puede recuperarse de cualquier pérdida emocional importante.*"

Ahora en 2008 han pasado otros 10 años. Al trabajar con miles de personas en duelo adicionales, hemos aprendido más y mejores formas de ayudar a las personas a superar el dolor. Estamos encantados de poder transmitir lo que hemos aprendido, lo que hace más factible y accesible la recuperación. El nuevo material se encuentra en la parte cuatro, que comienza en la página 167.

Hemos ofrecido conferencias y asesoría a diferentes organizaciones en el mundo: universidades, hospitales, centros de rehabilitación para drogadictos y alcohólicos, empresas funerarias, cementerios, escuelas públicas y privadas, así como a grupos sociales, religiosos y filosóficos, todo esto alrededor del mundo. Si bien esta lista puede ser impresionante desde el punto de vista académico, nosotros preferimos descartarla. *A pesar de que este listado es intelectualmente exacto, no tiene importancia en el aspecto emocional.*

Tal como ilustran nuestras historias personales, no fue a través de una búsqueda intelectual como descubrimos nuestra vocación para trabajar en la recuperación del dolor emocional. Nuestra propia angustia y dolor nos lanzaron en esta dirección. Tú estás leyendo este libro porque también sufres un pesar. Consciente de tu sufrimiento te preguntas: ¿Qué puedo hacer para disminuir el dolor? Este libro tiene la respuesta. Los innovadores conceptos sobre recuperación que aquí se presentan ayudan a superar con éxito las pérdidas emocionales.

Muchos profesionales ven el dolor emocional desde un punto de vista conceptual-intelectual. *Con mucha frecuencia, esto deja a las personas con una comprensión de su pérdida, pero no les proporciona recuperación.* Este libro está totalmente enfocado a la recuperación emocional del dolor causado por un fallecimiento, un divorcio y otras pérdidas.

A todos los que han tratado durante mucho tiempo de superar pérdidas emocionales sin lograrlo, queremos decirles que las acciones descritas en este libro los guiarán en el proceso de aliviar finalmente el dolor de sus pérdidas.

Sabemos que el camino hacia la recuperación no es fácil y que esas pérdidas pueden haber cerrado tu corazón. Si fuera posible, estaríamos contigo paso a paso, guiándote en las acciones que te llevarán a abrirte de nuevo a la vida. Tal vez tengas miedo de empezar o lo sientas una vez que estés en el proceso. Recuerda que cientos de miles de personas han emprendido estas mismas acciones. Ellas y nosotros te apoyamos para que superes los miedos iniciales y empieces a recuperarte.

Te deseamos buena suerte en este proceso y quedamos a tu servicio.

John y Russell

Primera Parte

Reconociendo el Problema

Si estás leyendo este libro es, casi seguro, porque el dolor por una pérdida ha herido tu corazón.

El dolor puede haber sido ocasionado por un fallecimiento que ocurrió recientemente, o hace mucho tiempo.

Pudo haber sido ocasionado por un divorcio o por el final de una relación romántica.

Pudo haber sido ocasionado por cualquiera de las más de cuarenta diferentes pérdidas emocionales que una persona puede sufrir a lo largo de su vida.

Pudo ser ocasionado porque te has dado cuenta de que tu vida no es tan feliz o satisfactoria como quisieras.

Cualquiera que sea la causa de este dolor, tú sabes cómo te sientes y, probablemente, no te sientes bien.

No te vamos a decir cómo te sientes: ya lo sabes. Ni te vamos a decir: "sabemos cómo te sientes", porque no es verdad. *Nadie más que tú lo sabe.* Lo único que podemos hacer es recordar cómo nos sentimos cuando sufrimos nuestras propias pérdidas.

Comentaremos contigo las acciones que debes emprender para recuperar tu sensación de bienestar, a pesar de los cambios dolorosos sufridos en tu vida.

CÓMO USAR ESTE MANUAL

No te adelantes a leer otras secciones. Hay una diferencia entre quienes superan el dolor de su pérdida y quienes no lo logran. Los que se recuperan siguen un plan bien organizado. Queremos que lo sigas para que tengas éxito.

Este manual se diseñó con el objetivo de darte la información que necesitas para recuperarte de las pérdidas. Tiene mucho que ofrecer a cualquier persona que desee estar bien. Te permitirá elegir entre *solucionar* y *sentirte mejor, en vez de estar solo y evadir la vida.* Si sigues este libro con detalle, tu recuperación se irá acelerando considerablemente.

En el texto encontrarás sugerencias, notas e instrucciones. Por favor, no trates de esquivarlas. Hacerlo te llevará a pensar como en el pasado, lo cual, sabes, no funciona. Dedícate a este libro fielmente y mantente firme en tu intención de recuperarte.

ADVERTENCIA

Este libro no es un manual de instrucciones para maestros. Evita caer en la tentación de pensar que el mero hecho de leerlo o seguir las acciones que recomendamos te permitirá ayudar a otras personas. Para cumplir con ese objetivo ofrecemos específicamente el *Programa de Certificación en Recuperación del Dolor Emocional®*. Al final del libro encontrarás las direcciones donde puedes localizarnos para obtener información de todos nuestros programas.

1

El Duelo o Dolor Emocional: Un Proceso Descuidado y Malentendido

Sentir pesar o dolor es la respuesta emocional normal y natural ante una pérdida de cualquier tipo. Por lo tanto, las emociones que estás sintiendo son normales y naturales. El problema es que hemos sido educados socialmente para creer que esos sentimientos son anormales y antinaturales.

El duelo o dolor emocional[1] es normal y natural, además de ser la más poderosa de las emociones, es también con frecuencia la experiencia humana más descuidada y malentendida, tanto para quienes la sufren como para quienes les rodean.

El dolor emocional es el resultado de los sentimientos contradictorios que experimentamos cuando sucede un cambio en lo que era un patrón familiar de comportamiento, o cuando éste termina. ¿Qué queremos decir con sentimientos contradictorios? Veámoslo con un ejemplo: cuando alguien que quieres fallece después de una larga enfermedad, puedes sentir alivio porque esa persona ya no está sufriendo. Esa es una emoción positiva, a pesar de que está relacionada con la muerte. Al mismo tiempo, te das cuenta de que ya no podrás ver ni tocar a esa persona, lo cual puede ser muy doloroso para ti. Estas emociones contradictorias, alivio y dolor, son respuestas totalmente normales ante un fallecimiento.

1. La palabra "grief" no tiene una traducción exacta al español. Es un término más amplio que "duelo" y que está asociado con la muerte. Por ello se usa indistintamente "duelo", "dolor emocional", "pesar", o "pena".

¿Qué pasa en un divorcio?, ¿también hay emociones contradictorias? Sí. Por un lado, puedes experimentar una sensación de libertad al terminar con tantos pleitos. Ese es un sentimiento positivo. Por otro lado, probablemente tengas miedo de no encontrar a otra persona que sea "tan atractiva" o "tan buen partido". Estas emociones contradictorias, libertad y miedo, son también respuestas naturales a una pérdida.

Todas las relaciones, ya sean sentimentales, sociales, familiares o comerciales, tienen aspectos que nos son conocidos. ¿Qué otras pérdidas ocasionan emociones conflictivas similares? Además de la muerte y el divorcio, que son obvias, hay muchas experiencias de pérdida que han sido identificadas como generadoras de pena o dolor emocional, entre ellas:

- La muerte de una mascota o animal de compañía
- El cambio de domicilio
- Empezar a ir a la escuela
- La muerte de un ex cónyuge
- El matrimonio
- La graduación
- Terminar con una adicción
- Cambios importantes en la salud
- El retiro o la jubilación
- Cambios financieros, positivos o negativos
- Los días de fiesta
- Problemas legales
- Que los hijos dejen el hogar

Frecuentemente estas experiencias tan comunes no son vistas como eventos que provoquen dolor emocional. Sentimos dolor por la pérdida de todas las relaciones que consideramos importantes, por lo tanto, son emocionales.

Aunque las pérdidas más importantes de tu vida no estén relacionadas con fallecimientos, no dejes de leer este libro.

Después de treinta años de trabajar con personas que han sufrido pérdidas emocionales, hemos identificado otras pérdidas importantes, que incluyen la pérdida de la confianza, de la seguridad y del control sobre el cuerpo de uno mismo (como los casos de abuso físico o sexual). Nuestra sociedad aún no reconoce estas pérdidas como generadoras de dolor emocional.

De una u otra forma, casi toda la gente sufre alguna experiencia que la lleva a perder la confianza y padecer su gran efecto negativo en la vida. Puede que hayas perdido confianza en alguno de tus padres, en Dios, o en alguna otra relación. ¿Puede la pérdida de confianza ocasionar pena emocional? Claro que sí. Los problemas que se enfrentan tratando de superar ese dolor son los mismos que ante cualquier otro. El dolor es una respuesta normal y natural, pero por desgracia no hemos sido preparados para manejarlo adecuadamente.

Sufrir una aflicción está relacionada con el corazón y no con el cerebro. Todos los intentos que se hacen para aliviar el dolor del corazón a través de métodos intelectuales son ineficaces, porque la mente no es el instrumento adecuado cuando se trata de emociones. Sería tan ineficiente como tratar de pintar una pared con un martillo.

Casi todos los comentarios intelectuales empiezan con la frase “no te sientas mal”. En 1977, cuando el hijo recién nacido de John falleció, un amigo con buenas intenciones le dijo: “No te sientas mal, podrás tener otros hijos”. Este comentario, intelectualmente correcto, sobre la habilidad física de John de tener más hijos no sólo era irrelevante, sino que sin pretenderlo era abusivo porque desacreditaba y negaba las emociones naturales y normales que estaba experimentando. John se sentía muy mal, tenía el corazón destrozado.

Cuando Russell y su primera esposa se divorciaron, él estaba deshecho. Un amigo le dijo: "No te sientas mal. La próxima vez te irá mejor". La mayor parte de los comentarios que una persona escucha cuando acaba de sufrir una pérdida no ayudan emocionalmente en lo más mínimo, a pesar de que son correctos desde el punto de vista intelectual. Dado que estas ideas son contradictorias, la persona que sufre se siente con frecuencia confundida y frustrada, sentimientos que lo llevan al aislamiento emocional.

Ya que la mayor parte de nosotros hemos aprendido a tratar de solucionar todos los conflictos usando el intelecto, el dolor emocional sigue siendo un gran problema.

Este enfoque intelectual ha originado tratados académicos que sugieren que la experiencia de la pena emocional depende del género de la persona. Aceptamos que hombres y mujeres somos educados de forma distinta, pero nuestra experiencia indica que ambos tenemos serias limitaciones para enfrentar sucesos tristes, dolorosos, así como sentimientos negativos. No existe tristeza femenina o masculina, ni alegría femenina o masculina.

Sin embargo, de ninguna manera tratamos de decir que el intelecto es totalmente inútil con relación al duelo. De hecho estás leyendo un libro, lo cual es una actividad intelectual. Este manual te pedirá que entiendas conceptos y tomes acciones específicas, es decir, que la mente esté implicada en cierto grado.

PÉRDIDAS EMOCIONALES Y SUPERACIÓN

En el título de este libro será la primera vez que muchas personas vean juntos los términos "pérdida emocional" y "superación".

Desde hace cientos de años, nuestros líderes religiosos y espirituales nos han enseñado que debemos ver las pérdidas de la vida como oportunidades para nuestro desarrollo espiritual. Pero en la vida moderna, sufrir una gran pena emocional se ha convertido en un proceso tan malentendido que la mayoría de nosotros no tenemos ni idea de qué hacer con ella.

¿Qué significa recuperación? Sentirte mejor. Recuperación es definir tus circunstancias, en vez de que éstas te definan a ti y a tu felicidad. Recuperación es encontrar un nuevo sentido a tu vida, sin el temor de volver a ser lastimado. Recuperación es la habilidad de disfrutar los recuerdos, sin que éstos traigan dolor o remordimiento. Recuperación es saber que es perfectamente aceptable sentirse triste de vez en cuando y hablar de esas emociones sin importar cómo reaccionen quiénes nos rodean. Recuperación es poder perdonar a quienes dicen o hacen cosas que tienen como raíz la falta de conocimiento sobre lo que es en realidad el dolor emocional. Recuperación es darte cuenta un día de que la habilidad para hablar de tu pérdida es totalmente normal y sana.

Lo más importante es que recuperarse significa, en este caso, aprender las habilidades que nos deberían de haber enseñado cuando éramos niños. Estas habilidades nos permiten hacer frente directamente a nuestras pérdidas. La mayoría de nosotros sabemos que no tenemos la seguridad de que quienes amamos estarán vivos cuando regresemos a casa al final del día. Quienes han pasado por un divorcio saben que tampoco hay garantía de que nuestro cónyuge seguirá enamorado de nosotros al llegar a casa. Las habilidades de superación del dolor emocional aliviarán tu corazón si está lastimado y, a su vez, te permitirán participar en todas tus relaciones al cien por ciento. Superar tus pérdidas te dará libertad y conocimiento, además de permitirte amar tan completamente como es posible.

Obviamente, superar una pérdida emocional no es una tarea sencilla. Tomar las acciones necesarias para recuperarte requerirá atención, amplitud de criterio, intención de cambiar, fuerza de voluntad y valor.

EXPONERSE AL DOLOR EMOCIONAL

Hemos escuchado muchas veces: " Sólo podemos estar seguros de dos cosas: de la muerte y de los impuestos". Quienes están leyendo este libro saben que hay algo más que agregar a la lista: sufrir pérdidas. Todos padecemos muchas pérdidas durante nuestras vidas. A pesar de que la pérdida emocional es una experiencia universal, la gente sabe muy poco sobre cómo superarla.

Lo que sí sabemos es que quienes sufren una pérdida quieren recuperarse. Buscan ayuda por todos los medios posibles, ya sea grupos de apoyo, revistas o libros. A pesar de sus esfuerzos, se encuentran con la realidad de que nuestra sociedad no cuenta con la información necesaria para ayudarlos a recuperarse completamente. A través del tiempo, el dolor de las pérdidas emocionales no resueltas se acumula. Ya sea por un fallecimiento, un divorcio o cualquier otro tipo de pérdida, el dolor emocional pendiente puede afectar negativamente la capacidad de una persona para ser feliz.

SUPERACIÓN DE PÉRDIDAS EMOCIONALES ¿CÓMO FUNCIONA?

Una persona en duelo logra recuperarse de la pena emocional emprendiendo una serie de acciones pequeñas y correctas.

Lamentablemente, a muchos de nosotros no nos dieron la información necesaria para tomar decisiones correctas. Este libro asume el reto específico de reeducar a quienes tienen el deseo genuino de identificar y superar el dolor emocional causado por diversas pérdidas. Sabemos que los principios discutidos aquí funcionan. Lo hacen tanto para quienes han sufrido la muerte de un ser amado, un divorcio o cualquier otra pérdida.

La muerte de un ser querido produce una emoción que puede describirse como *la sensación de buscar a alguien con quien siempre hemos contado, sólo para darnos cuenta de que cuando lo necesitamos de nuevo, ya no está disponible para nosotros.*

Habrá personas que lean este libro buscando ayuda para resolver un vínculo problemático con alguien que ha muerto. Podríamos llamar a esta relación "alguien no muy querido". Si este es tu caso, la sensación será la de *buscar a alguien con quien nunca hemos contado y seguimos sin hacerlo.* Esto también es útil para quienes necesitan identificar y hacer frente a las emociones pendientes en una relación "no tan satisfactoria" con alguien que aún está vivo.

Casi siempre la decepción resultante de un divorcio cae en la categoría de "alguien no muy querido". Aunque *el divorcio acaba con las relaciones conyugales, sexuales y sociales, no resuelve las ataduras emocionales.* Es común que quienes han pasado por un divorcio sin recuperarse emocionalmente repitan los errores en relaciones futuras.

UN PASADO SIN RESOLVER PUEDE AFECTAR NEGATIVAMENTE EL FUTURO

No tenemos una opinión moral, legal, religiosa o social sobre el divorcio. Simplemente creemos que toda persona involucrada en un divorcio sufre, incluyendo hijos, padres, hermanos y amigos de la pareja. Esto hace sencillas las cosas para nosotros. Siempre sabemos que el problema principal es la pérdida emocional no resuelta.

Un divorcio o el final de una relación sentimental produce dolor, el cual se convierte en una traba que impide vivir plenamente, afectando de manera negativa las relaciones subsecuentes. Una relación no resuelta con una pareja puede provocar decisiones temerosas. Una relación inconclusa provocará mecanismos de autoprotección exagerados contra

posibles decepciones o dolor. Lamentablemente, este exceso de precaución limita la habilidad de confiar, mantenerse abierto y amar, condenando la siguiente relación al fracaso.

Esperamos que te des cuenta sobre lo necesario de analizar y estar en paz con tus relaciones anteriores, para mejorar las posibilidades de éxito en una relación en el presente. Deseamos que este libro brinde a quienes aún se sienten solos y aislados el valor de resolver sus relaciones pasadas, para que así puedan integrarse al mundo buscando una nueva relación romántica saludable.

2

El Problema se Complica

La pérdida emocional es en sí misma difícil, sin necesidad de añadir mayor complejidad. Por desgracia, hay muchos factores adicionales que pueden aumentar nuestras reacciones a una pérdida y limitar nuestra capacidad de superarla. Este capítulo te alertará sobre algunas de las trampas que te pueden frenar o boicotear el proceso de recuperación.

CONFUSIÓN ACERCA DE LAS ETAPAS

Muchos están familiarizados con el trabajo de la doctora Elisabeth Kübler-Ross, quien identificó cinco etapas por las que pasa una persona al ser diagnosticada con una enfermedad mortal: negación, ira, negociación, depresión y aceptación.

Uno de los resultados del trabajo de la doctora Kübler-Ross es que muchas personas tratan de aplicar el concepto de dichas etapas a otros aspectos de las emociones humanas. El dolor emocional de un fallecimiento, un divorcio u otra pérdida, no debe ser considerado en términos de las cinco etapas. La naturaleza e intensidad de las emociones causadas por un dolor están relacionadas con la individualidad y originalidad de la relación.

Si bien la importante contribución de la doctora Kübler-Ross trajo como consecuencia un conocimiento mayor sobre el *proceso de morir*; la mala interpretación de su trabajo también ha sido acompañada por efectos negativos colaterales. Muchas personas, profesionistas y público en general, han tratado de aplicar esas etapas a las emociones que surgen después de una pérdida. La doctora Kübler-Ross identificó que la negación de la realidad es la primera reacción de quienes son informados que tienen una enfermedad mortal. Por falta de información adicional, su trabajo ha sido frecuentemente malinterpretado como si implicara que la negación de la realidad es también una etapa que experimentan quienes se enfrentan a la muerte de un ser querido o un divorcio.

Durante todos los años que hemos trabajado con quienes sufren una pérdida emocional importante, todavía no hemos encontrado a alguien que niegue su pérdida. Lo primero que nos dicen es: "Mi madre falleció", "Mi perro murió" o "Mi esposa me pidió el divorcio". Estas frases reflejan que la realidad no se niega en absoluto. Si estás leyendo este libro, es porque *no niegas que has sufrido una pérdida.*

¿Y QUÉ CON RESPECTO A LA IRA?

Gran parte de la literatura sobre la pena emocional sostiene que la ira es siempre un factor en la experiencia de una pérdida. Respetuosamente, estamos en desacuerdo. El enojo puede estar relacionado con las circunstancias de una pérdida. Suele ser un factor en las relaciones difíciles con personas no tan queridas. Sin embargo, asumir que el enojo siempre está presente es incorrecto y peligroso al mismo tiempo. Muchas veces un fallecimiento no causa el menor sentimiento de ira. Un breve ejemplo ilustrará este punto.

"Mi abuela, con quien tuve una relación maravillosa, murió de una enfermedad a los noventa y dos años. Afortunadamente sucedió rápido, así que no sufrió mucho. Eso me reconforta. Pude pasar tiempo con ella y decirle lo mucho que la quería. Me alegro por eso. Organizamos un funeral que la recordaba con precisión. Muchas personas asistieron y hablaron sobre ella. Me encantó eso. Durante el funeral, un buen amigo me recordó que me despidiera. Lo hice y me siento bien. No estoy enojado".

Esta es una historia verdadera. Si los acontecimientos hubieran sido distintos, habrían creado sentimientos diferentes. Si el nieto no hubiera tenido oportunidad de hablar con su abuela antes de su muerte, él podría tener resentimiento contra las circunstancias que se lo impidieron. Si ella hubiera sido una persona no tan querida, él podría estar enojado por no haber tenido la oportunidad de reparar la relación.

Por favor, no piensen que el enojo siempre debe estar presente en una pérdida no resuelta. Algunas personas estarán enojadas y otras no. Pero si el enojo existe, lo encontraremos y lo solucionaremos.

RESPUESTAS COMUNES

Aun cuando el dolor emocional no tiene etapas, muchas personas experimentan ciertas respuestas en común.

Poca concentración. La persona está en su cuarto y se le ocurre ir a la cocina por algo. Una vez en la cocina, no tiene idea porqué está ahí, o se le olvida qué es lo que estaba buscando. Parece ser que la preocupación por los sentimientos relacionados con la pérdida y la dificultad de concentración son casi respuestas universales ante el dolor emocional.

Sentirse adormecido. Muchas personas nos han dicho que su primera reacción ante una pérdida fue sentirse como adormecidas o anestesiadas. Este entumecimiento puede ser físico, emocional o ambos. La duración es diferente para cada persona. Rara vez hemos visto que dure más de algunas horas. Esta reacción se confunde a veces con la negación de la realidad.

Patrones irregulares de sueño. Quienes sufren comentan que no pueden dormir o duermen demasiado, y en ocasiones alternan estos dos extremos.

Cambios en hábitos alimenticios. Hay quienes pierden el apetito o comen sin parar, incluso ambas cosas alternadamente.

Cambios extremos en energía emocional. Quienes se enfrentan a una pérdida expresan cambios emocionales rápidos y extremos. Como resultado directo ante dichos cambios drásticos, se sienten desgastados emocional y físicamente. Esta reacción se discutirá detalladamente más adelante.

Todas estas respuestas son normales y naturales ante las pérdidas. Su duración cambiará de persona a persona. No queremos tratar de predecir cuánto deben durar. No siempre suceden y, como ya hemos dicho, no se trata de etapas.

El dolor emocional no tiene etapas. A pesar de ello, algunas personas tratarán de identificarse con una categoría si les fuera dada. Desgraciadamente, esto sucede con más frecuencia si la opción es ofrecida por una figura de autoridad, como un terapeuta, un sacerdote o un médico.

No permitas que nadie te fije ningún tipo de fechas límite o etapas.

Cuando se trata de una pena emocional, nada es absoluto. No hay reacciones tan universales que se suponga que todas las personas, o siquiera una mayoría, deban experimentar. Sólo hay una verdad inalterable: cada relación es única.

¿OLVIDO O RECUPERACIÓN?

Una de las ideas erróneas más dañinas es la que asegura que los padres jamás podrán sobreponerse a la muerte de un hijo. Este concepto, absolutamente equivocado, es frecuentemente dicho a quienes han perdido un hijo, pero a veces también es usado ante otras pérdidas emocionales. Esas personas buscarán información y emociones que sean compatibles con esta falsa afirmación.

Es mejor preguntar: "¿Es posible olvidar a tu hijo, a tu cónyuge, o a tu padre o madre, según sea el caso?". Claramente la respuesta es no. El concepto de "inolvidable" se confunde con el de no "sobreponerse". Esta idea limita y afecta a la persona, quien seguirá sufriendo; no sólo no le ayuda a recuperarse de ninguna manera, sino que con mucha frecuencia disminuye severamente la posibilidad de tener buenos recuerdos de la relación.

El pasado mes de enero conversamos con una madre cuya hija se había suicidado en febrero, hacía varios años. Ella nos dijo que al acercarse febrero sus pensamientos sobre su hija aumentaban. Muchas de esas ideas y sentimientos eran dolorosos. Reconocimos la validez de sus emociones y el hecho lógico de que al estar cerca la fecha del aniversario éstas aumentaran. Sus ojos se llenaron de lágrimas al hablar sobre la relación con su hija. "Nunca podré recuperarme de este pesar", nos dijo.

Muchas personas aceptarían este comentario como válido, pero nosotros no. En su lugar, preguntamos si con frecuencia tenía recuerdos agradables de su hija. Dijo que sí. Le preguntamos cómo se sentía cuando esos recuerdos gratos venían a su mente. Contestó que se sentía bien. Entonces le cuestionamos: "En el momento en que tienes esos recuerdos agradables, ¿sientes un pesar del que crees no podrás recuperarte?". "No" respondió, "no siento dolor."

Le sugerimos que no utilizara más la idea de "no poder superar" la pérdida de su hija al referirse a ella misma. Le recomendamos que en su lugar dijera: "En ocasiones, cuando pienso en sus problemas y las circunstancias de su muerte, siento dolor y mi corazón se llena de pesar. Otras veces, al recordar sus cualidades maravillosas, me siento feliz, y con gusto comparto mis recuerdos de ella".

Hay una idea muy común, pero falsa, que ha sido creada por quienes sufren, algunos profesionales y los estudiosos sobre el tema: "Porque no la he olvidado y todavía tengo sentimientos hacia ella, no me he recuperado de la pena de haberla perdido". Esta mentalidad trágica garantiza que la persona no podrá vivir una vida plena.

¿CUÁNDO DEBE EMPEZAR LA RECUPERACIÓN?

Mencionamos que la sensación de adormecimiento y la incapacidad de concentración son típicas ante una pérdida. A pesar de esas respuestas, *quienes sufren están dispuestos a hablar sobre las circunstancias de la pérdida y considerar la relación que tuvieron.* Este análisis ocurre ante toda pérdida. Por lo tanto, el proceso de recuperación efectiva puede empezar inmediatamente. Así es muy fácil encontrar miles de emociones que no fueron comunicadas. Aún la más amorosa y satisfactoria relación terminará con ciertas cosas que no fueron dichas y realizadas.

La pérdida misma proporciona mayor exactitud a nuestra memoria. Esta puede ser una oportunidad ideal para recolectar gran cantidad de recuerdos. Quienes sufren desean hablar sobre la pérdida que han experimentado. Suele darse el caso de que al morir una persona, sus familiares y amigos deseen hablar de ella. También es común platicar de las experiencias, positivas y negativas, vividas ante un divorcio, un retiro profesional, la pérdida de un trabajo o una mascota, o ante cambios de salud importantes.

Hablar sobre nuestra pérdida, y sobre la relación misma, es positivo, pero normalmente no es suficiente para que nos recuperemos. Al hablar sobre nuestra relación surgirán sentimientos dolorosos, que necesitaremos identificar y resolver tomando acciones adicionales.

Una de las experiencias más tristes para nosotros es cuando alguien se ha inscrito con anticipación en el Seminario para la Recuperación del Dolor Emocional–o en el Programa Comunitario para la Recuperación del Dolor Emocional–y no se presenta. En ocasiones, la persona anula su reservación por teléfono diciendo: "Mi terapeuta piensa que todavía no estoy listo para dar este paso".

Aquí tienes un simple cuestionario que responde gráficamente a la pregunta: ¿cuándo puedo empezar a recuperarme?

1. Si te cayeras, te lastimaras la pierna y estuvieras sangrando, ¿tratarías de ser atendido por un médico inmediatamente? La respuesta obvia es sí.

2. Si las circunstancias y los hechos han lastimado tu corazón, ¿buscarías ayuda inmediatamente o dejarías que el dolor te desangre emocionalmente? Tú escoges.

¿Alguna vez es demasiado pronto para comenzar a recuperarse? No. Durante los primeros diez años de nuestra carrera en rehabilitación del dolor emocional asesoramos a directores de servicios funerarios, personas que trabajan en los panteones y representantes religiosos sobre cómo ayudar a quienes sufren. Claramente, estos profesionales están auxiliando a familiares y amigos durante las horas y los días inmediatos a la muerte de un ser querido. *Nunca es demasiado pronto para trabajar y procesar el dolor que sientes.*

SUICIDIO, ASESINATO, SIDA Y OTRAS CIRCUNSTANCIAS TRÁGICAS

El aislamiento emocional es un gran problema para quienes sufren. Éste tiende a aumentar si la persona se centra en las causas de la pérdida, tales como el suicidio, el asesinato, el SIDA y otras circunstancias trágicas.

Este dolor es, por definición, emocional. Esto no significa que las causas del fallecimiento en sí mismas no generen más emociones. Por supuesto que si alguien muy querido muere de forma trágica, sentiremos una gran cantidad de emociones por lo injusto de la situación. Al aceptar que hemos sido afectados por las circunstancias del fallecimiento, debemos contemplar inmediatamente dos realidades importantes. La primera plantea una pregunta dolorosa: ¿extrañarías menos a esa persona si hubiera muerto de otra forma? La respuesta es siempre *no*.

La segunda realidad cuestiona: como resultado de este fallecimiento, ¿qué ha quedado sin ser dicho o resuelto en esa relación? Esto es lo que debes procesar.

Anteriormente señalamos que las palabras *enojo* y *evasión* no son útiles para quienes sufren. *Olvidar o cerrar son* también palabras inadecuadas que no ayudan. Cuando se dicta el veredicto final en un juicio, las cámaras y los micrófonos de los medios de comunicación se enfocan en los afectados, preguntando si sienten algún alivio: la respuesta es siempre *no*.

Un juicio puede traer justicia o no. De cualquier manera, cuando el juicio termine tendrás que procesar todas las emociones que no fueron expresadas entre la persona que murió y tú. En el mejor de los casos, un juicio resuelve un crimen o una falta, asignando culpa, pero no puede ayudar a que te *recuperes emocionalmente.*

Hemos visto personas que han invertido su vida entera luchando contra las circunstancias que privaron de la vida a su ser amado.

No vemos nada de malo en ello. La sociedad se beneficia al aumentar el nivel de conocimiento y responsabilidad en los campos legales y médicos, así como en otros asuntos sociales. Nuestras vidas mejoran gracias a la labor de estos creadores del cambio. Sin embargo, lamentablemente, muchos de ellos no logran sanar su relación con la persona que han perdido. La gran cantidad de energía que gastan en continuar con su causa los distrae de lo que en realidad es importante: su propio dolor que no ha sido aliviado.

Hay personas que pueden tener razones para iniciar demandas civiles o penales con relación a la muerte o el maltrato de un ser querido. Si este es tu caso, queremos recomendarte que te encargues primero de sanar el dolor ocasionado por tu pérdida emocional. Superar la pena te permitirá ser un mejor defensor o portavoz de tu causa. Tendrás más energía y, lo más importante de todo, no te engañarás pensando que un juicio o un veredicto aliviarán tu dolor.

LA PALABRA QUE EMPIEZA CON "C"

Con frecuencia la palabra *culpa* se aplica al pesar emocional. Esto es un error. En el Instituto para la Recuperación de la Pérdida Emocional la llamamos la palabra que empieza con "C". Casi nunca la mencionamos a quienes se están recuperando de una pérdida porque en muy pocos casos es la palabra adecuada.

Con frecuencia, en el Instituto Grief Recovery® se escuchan conversaciones que van más o menos así:

DOLIENTE: Mi hijo se suicidó. Me siento tan culpable.

INSTITUTO: ¿Hiciste algo alguna vez con la intención de dañar a tu hijo?

DOLIENTE: No (*esta respuesta es casi universal*).

INSTITUTO: La definición del diccionario de "culpa" implica siempre la intención de lastimar. Puesto que nunca tuviste la intención de dañar a tu hijo, ¿podrías devolver al diccionario la palabra que empieza con "C"? Ya estás suficientemente destrozado por la muerte de tu hijo, así que no es necesario aumentar tu dolor utilizando una palabra que te lastima y distorsiona tus emociones.

DOLIENTE: ¿De verdad? No lo había visto de esa manera.

INSTITUTO: ¿Hay otras cosas que preferirías que hubieran sido *diferentes, mejores o más abundantes* en la relación?

DOLIENTE: Claro que sí.

A partir de ese momento, las compuertas se abren.

En raras ocasiones la persona que sufre hace cosas con la intención de causar daño. Cuando eso ocurre, expresar un "lo lamento o lo siento" ayuda a eliminar los obstáculos para procesar el dolor que la pérdida en sí misma ha ocasionado.

SOBREVIVIENTE: OTRA PALABRA INADECUADA

Como observarás, en este libro no solemos emplear la palabra *sobreviviente*. Esto es intencional. La palabra *sobreviviente* es precisa intelectualmente. Implica que la persona que sufre sigue viviendo, en tanto que la otra persona ha muerto. Pero nos hemos dado cuenta de que la palabra *sobreviviente* tiende a funcionar como una definición y un diagnóstico, lo cual a menudo encierra a la gente en una rutina peligrosa y dolorosa. Por ejemplo, nadie sobrevive al suicidio de otra persona. Podrías sobrevivir si alguien tratara de matarte, pero no cuando la otra persona intenta o consigue suicidarse.

Hay un aspecto aún más importante. La palabra *sobreviviente* define a la persona que ha sufrido la pérdida y la lleva a revisar constantemente las circunstancias de la muerte. El ser un superviviente se convierte a menudo en una identidad. La persona se identifica con el dolor y permite que el sufrimiento la defina. No es raro encontrar gente que dedica la mayor parte de su energía en definirse a sí mismas y a sus pérdidas, en vez de enfocarse en analizar los aspectos pendientes de sus relaciones. Mientras sigan haciendo esto, su dolor por la pérdida continuará.

Hay grupos organizados para personas que han sufrido pérdidas en circunstancias específicas, como suicidio, asesinato, SIDA, muerte de un hijo e incluso un divorcio. Dado que creemos que quienes sufren se encuentran de por sí aislados, también pensamos que crear más separaciones basadas en el tipo de pérdida aumenta la soledad. Sin embargo, reconocemos que reunirse con personas cuyas experiencias son semejantes produce cierto consuelo.

Nuestras opiniones, confirmadas por veinte años de experiencia práctica, son las siguientes:

- Cada relación es única, por lo tanto, toda recuperación es individual.
- Centrarse en una verdad intelectual compartida (el tipo de pérdida) no promueve el proceso de recuperación.
- Aislarse basándose en el tipo de pérdida puede tener un valor inmediato, pero no promueve soluciones a largo plazo.

NO ESTÁS MAL

Las pérdidas mayores no son frecuentes, por lo que no estamos familiarizados con los pensamientos y emociones que se perciben cuando suceden. Cuando perdemos a alguien es inevitable que recurramos a viejas ideas para tratar de entender las reacciones conflictivas que sentimos. Hemos aprendido ideas incorrectas sobre el dolor emocional; sin embargo, nuestra intención no es juzgar a la sociedad, a los padres de nadie, ni a las instituciones. No pensamos que una generación tenga la intención de transmitir información incorrecta a otra. La gente enseña lo que sabe y probablemente eso le fue enseñado.

Si te parece que la información y recursos disponibles en este tema son inadecuados para superar tu dolor, no pienses que es porque tú estás mal, es porque te falta información correcta. Al leer este libro demuestras que eres consciente de tu dolor, estás dispuesto a iniciar un proceso de recuperación que te permitirá vivir más plenamente y no es porque estés mal, sino al revés, porque hay cosas en ti que están muy bien.

3

Estamos Mal Preparados para Enfrentar una Pérdida

Seguramente, poco después de haber sufrido tu pérdida te diste cuenta de lo mal preparado que estás para hacer frente a la gran cantidad de emociones contradictorias que llamamos duelo o dolor emocional. Esto le ocurre a casi todas las personas en nuestra sociedad. Estamos más preparados para lidiar con pequeños accidentes que con una pérdida mayor. Recibimos mayor educación sobre primeros auxilios que sobre la muerte, el divorcio u otras pérdidas emocionales.

Mira tu propia experiencia. Probablemente en primaria tomaste una clase de primeros auxilios, en secundaria otras de salud y seguridad. La Cruz Roja local ofrece cursos de primeros auxilios a la comunidad. En todo el país hay un número telefónico para obtener servicios médicos de emergencia. A cierto nivel, todos estamos preparados para hacer algo en caso de un accidente... ¿Cuántas clases has tomado sobre cómo hacer frente al dolor emocional causado por una pérdida importante?

Es extraño que sepamos qué hacer si alguien se rompe un brazo, pero que muy pocas personas estemos preparadas para asistir a quienes sufren dolor emocional. Cada año, en Estados Unidos, ocho millones de personas se convierten en dolientes por la muerte de algún ser querido. Adicionalmente, el índice de divorcios sobrepasa el 45 por ciento. Este porcentaje no incluye todas las relaciones que no fueron formalizadas con el matrimonio. Millones de relaciones terminan cada año, afectando no sólo a la pareja, sino a sus hijos, padres, familiares y amigos. Se calcula que más de 14 millones de mascotas mueren cada año en los Estados Unidos. El número de dolientes es más arrollador cuando se agregan las pérdidas emocionales derivadas del retiro de una profesión, la pérdida o cambio de trabajo, problemas de salud y cambios económicos drásticos.

NOS ENSEÑARON CÓMO ADQUIRIR COSAS, PERO NO QUÉ HACER CUANDO LAS PERDEMOS

Durante nuestro desarrollo pusieron énfasis en enseñarnos cómo adquirir cosas para que tuviéramos una vida feliz y exitosa.

En nuestra infancia buscábamos la aprobación de nuestros padres. Después nos portamos bien con la intención de recibir más juguetes en Navidad o Hanukkah. En la escuela nos importaba sacar buenas calificaciones porque así obtendríamos la aprobación de los demás. Tratamos de ser atractivos para que nuestros compañeros nos aceptaran. Este proceso de aprender cómo adquirir objetos y atención se extendió a nuestra vida adulta. Ciertamente la industria publicitaria entiende esta necesidad: las campañas de publicidad se centran en presentar la adquisición de objetos como una forma de encontrar felicidad y satisfacción.

Mientras que hemos aprendido mucho sobre cómo adquirir cosas, hay muy poca información valiosa sobre qué hacer cuando las perdemos.

La pérdida es inevitable. En ocasiones, es hasta predecible. A pesar de estas realidades, no recibimos entrenamiento sobre cómo responder a los acontecimientos que seguramente ocurrirán y traerán consigo dolor y confusión. A veces hasta nos aconsejan no aprender a hacer frente a nuestras pérdidas, o al menos no hablar de ellas. "Lo pasado, pasado está". "Tienes que seguir adelante". "No atormentes a otros con lo que te pasa". Y la lista continúa.

Todos enfrentamos grandes pérdidas en nuestras vidas. Debemos aceptar que la mayoría de lo que hemos aprendido sobre cómo procesar las emociones causadas por una pérdida es incorrecto. De hecho, cuando analizamos lo que aprendimos nos damos cuenta de que sería mejor no saber qué hacer. Muchos conservamos ideas antiguas e ineficaces que tratamos de aplicar a cualquier crisis que se nos presenta. A pesar de que podemos demostrar que la mayor parte de esas ideas no funcionan, lo más probable es que recurras a ellas cuando te invadan las ideas y emociones dolorosas generadas por una pérdida.

Normalmente hacemos las mismas cosas, de la misma forma, una y otra vez. Todas las acciones físicas y emocionales se convierten en costumbres. El hecho de que podemos establecer y mantener comportamientos habituales es, en realidad, una buena noticia. El paso más importante ahora es crear hábitos positivos para hacer frente a una pérdida.

El primer paso para crear una nueva costumbre es darte cuenta que necesitas adquirir un hábito nuevo. Al leer este libro es probable que seas consciente de que necesitas información y hábitos efectivos para superar tu dolor. El segundo paso es aprender las habilidades necesarias para adquirir esa nueva costumbre. En el caso del dolor emocional, se trata de identificar las ideas que no funcionan y reemplazarlas por otras que sí son efectivas. Y el tercer paso es practicar estas nuevas ideas para que se conviertan en hábitos.

Trabajando con este libro aprenderás nuevas ideas y las practicarás, lo cual es esencial para que puedas superar el dolor ocasionado por tu pérdida. Al terminar de trabajar con este libro habrás adquirido mejores hábitos para hacer frente a cualquier pérdida o desilusión que pueda ocurrir en tu vida.

NOS ENSEÑARON MITOS SOBRE EL DOLOR EMOCIONAL

Antes de discutir qué es el dolor emocional, es importante que veamos lo que no es. Debemos tener muy claro porqué necesitamos encontrar una nueva forma de manejar nuestras pérdidas. Empezaremos por aclarar cómo creemos que hemos actuado en el pasado. Como ejemplos usaremos las experiencias de John y Russell.

El primer recuerdo de John sobre cómo aprendió a hacer frente a una pérdida es cuando tenía cinco años de edad:

Mi familia tenía una perra. Esa perra prácticamente me adoptó desde que llegué recién nacido del hospital. Cuando aprendí a gatear, le jalaba la cola y ella me dejaba hacerlo. Iba conmigo a todas partes. Cuando crecí, traté de enseñarle a que corriera a traer cosas. Hasta la fecha no tengo muy claro quién enseñó a quién. La perra siempre se las ingenió para dormir en mi cama, lo cual no le parecía bien a mi madre, pero fuimos persistentes y, finalmente, mi mamá la dejó dormir conmigo. Una mañana llamé a mi perra, pero ella no se levantó. Recuerdo lo fría que estaba cuando la toqué. Me dio miedo. Llamé a mi madre para que viniera a ayudarme. Ella me dijo que mi perra había muerto. Sé que intentó explicarme lo que era la muerte. También sé que no sabía cómo hacerlo.

Los días que siguieron a la muerte de su perra, John lloró mucho y pasó la mayor parte del tiempo en su habitación. "Mis padres se sentían muy mal porque no sabían qué hacer para ayudarme", recuerda. Finalmente, completamente frustrado, el padre de John dijo:

No llores...el sábado te compraremos otro perro.

Si bien esa frase no parece ser muy profunda, veámosla más de cerca. Aprendemos de formas muy distintas, una de ellas es llamada *aprender por influencia.* Un niño nace dentro de una familia. Durante los primeros años su contacto fundamental es con sus padres. El niño aprende observando e imitando lo que sus padres hacen. Normalmente, entre los dieciocho y los veinticuatro meses, el niño empieza a hablar. A partir de ese momento no sólo ve lo que sus padres hacen, sino también entiende qué dicen. Las palabras del padre de John contenían el siguiente mensaje:

> *No llores*
> **Significado: No te sientas mal.**
>
> *El sábado te compraremos otro perro.*
> **Significado: Reemplaza lo que has perdido.**

John creía en su padre. Además, la frase venía de una figura con autoridad e importancia en su vida. Entonces, empezó a formarse una idea sobre qué hacer ante una pérdida. Trató de seguir el consejo de su padre y no sentirse mal. John explica: "Pensé que si esa era la forma en que mi padre reaccionaba ante la muerte, yo debería hacer lo mismo".

Dicho y hecho. El sábado John y su padre fueron a la tienda y consiguieron otro perro:

> *Aún extrañaba a mi perra que había muerto, pero no se lo dije a nadie. Creí que se enojarían. Me llevó mucho tiempo olvidarla. También fue difícil querer a la nueva de la misma forma.*

Lo más probable es que John no podía querer a su nueva perra porque no se había recuperado del dolor de haber perdido a la anterior.

Cuando John tenía catorce años se enamoró por primera vez. Para él era un amor importante, aunque los demás pudieran pensar que era sólo un amor de adolescencia.

> *Era maravilloso. Pensaba constantemente en ella, tanto que no podía comer ni dormir. Los pájaros cantaban. Escuchaba canciones románticas por la radio. No tenía muchas ganas de estar con mis amigos.*
>
> *Cuando terminamos la relación, sentí que me derrumbaba. Fue una gran pérdida para mí. Anduve como un sonámbulo durante varios días. Mi madre no soportaba verme tan mal.*

Lo que su madre dijo fue:

> *No te sientas mal, hay muchos peces en el océano.*

Para entonces, John ya tenía una idea bastante clara sobre lo que debería hacer al perder a alguien o algo. Estaba armado para hacer frente a las pérdidas con dos ideas centrales:

1. No te sientas mal.
2. Reemplaza lo que has perdido.

Las experiencias infantiles de Russell fueron muy similares a las de John. Ante circunstancias parecidas, las respuestas eran: "No te sientas mal" y "Reemplaza lo que has perdido". Se sentía muy triste ante sus pérdidas emocionales. Sus lágrimas y tristeza sólo encontraban respuestas como: "Si vas a llorar, vete a tu cuarto".

Fue difícil para Russell esconder sus emociones. Intentó hablar con su madre sobre la tristeza que aún sentía. Ella le dijo: "Ríe y el mundo reirá contigo. Llora y llorarás solo". Es terrible darse cuenta que al estar triste, cuando más necesitas comprensión emocional, aprendes a "estar solo".

Significado: Sufre solo.

Es muy triste sentirse ignorado e incomprendido en la infancia. Además, este tipo de información causa daños mayores: se convierte en la base de los hábitos incorrectos que se extenderán por toda la vida y limitarán la habilidad de ser feliz. Russell recuerda muchas ocasiones en las que después de discutir con su esposa, salía rápidamente de su casa, sólo para conducir sin dirección durante horas. Su automóvil se convirtió en la metáfora de su habitación cuando era niño. "Sufrir solo" era un hábito que no cambiaba.

Dado que muchos de nosotros hemos sido socializados de la misma forma que John y Russell, creemos que debemos enfrentar a las pérdidas "estoicamente" y "estar solos." Igualmente trágica es la conclusión que resulta de lo que hemos aprendido: si yo necesito "estar solo", entonces tú también lo necesitas. Por lo tanto, cuando un amigo sufre una pérdida con frecuencia decimos: "Déjalo solo" o "Necesita estar solo". La experiencia de John ante la muerte de su abuelo demuestra lo integrada que está en nuestra sociedad la idea de sufrir en soledad.

> *Mi abuelo murió en 1958. Fue muy importante en mi vida. En ese momento yo me sentía mucho más identificado con él que con mi padre. Pasábamos cada verano en su granja. Fue él quien me enseñó a pescar y cazar, además de ser mi primer maestro de béisbol. La noticia de su muerte me llegó cuando estaba en clase, en la secundaria. Recuerdo que me sentí como adormecido. Era como estar hipnotizado. Después de algunos minutos empecé a llorar y creo que hice sentir mal a la gente a mi alrededor. Me enviaron a la oficina del director para que pudiera estar solo.*

La gente no sabía cómo ayudar a John, por lo cual lo enviaron solo a la oficina.

> *Una vez más supuse que los adultos a mi alrededor sabían lo que estaban haciendo. Esta actitud de sufrir a solas fue reforzada cuando llegué a casa. Mi madre estaba sentada en la sala con la cabeza agachada y obviamente estaba llorando. En cuanto la vi quise ir con ella para que lloráramos juntos. Mi padre y mi tío se dirigieron a mí diciendo: "No molestes a tu madre. Pronto estará bien".*

Ahora John y Russell tenían tres datos básicos sobre qué hacer ante una pérdida emocional:

1. No te sientas mal.
2. Reemplaza lo que has perdido.
3. Sufre solo.

Ninguna de estas tres lecciones iba a ser útil a ninguno de los dos.

Mientras John sufría por la muerte de su abuelo, Russell pasaba una adolescencia difícil en Florida.

Cada vez que sufría una pérdida, Russell se encontraba con las mismas ideas que no ayudan. Empezó a sentirse atrapado e infeliz, ya que no podía mejorar practicando lo que había aprendido. Cada vez que sucedía algo triste, él intentaba "no sentirse mal" y "sufrir solo". Pensó que jamás lograría ser feliz.

Finalmente, lleno de desesperación, fue a ver a su madre. Le dijo que no podía manejar efectivamente los pensamientos y las emociones que estaba sintiendo. Ella lo miró dulcemente y le dijo: "El tiempo todo lo cura".

Significado: Dale tiempo.

Russell está seguro de que su madre lo amaba. No tuvo ninguna intención de lastimar a su hijo. Ella simplemente transmitió la información que había aprendido.

En 1972, Russell y su primera esposa, Vivienne, se divorciaron. Russell se sentía destrozado. Parecía un zombi. Él, que normalmente era conversador y amigable, casi no hablaba. A pesar de que se supone no debería de "sentirse mal", en realidad estaba abrumado. Se sentía muy mal. Se aisló mucho, ya que aprendió que debería de sufrir solo.

La temprana lección de "reemplazar lo perdido" fue reforzada por amigos bien intencionados que le sugirieron buscar otra pareja. Él no se sentía bien, por lo cual no le pareció que empezar a salir fuera una buena idea. También le recordaban continuamente la idea de que "el tiempo aliviaría su pena". Estas dos ideas no parecían ir de la mano. Si reemplazar su pérdida iba a aliviarlo, entonces no tenía porqué esperar a que el tiempo hiciera nada. Además, si el tiempo lo aliviaría, quizás no debería tener tanta prisa para reemplazar lo que perdió.

Entre las ideas que ocasionan sufrimiento, probablemente la más dañina es la que dice que el tiempo lo cura todo. La terrible verdad es que el tiempo en sí mismo no alivia nada. Esta es una idea falsa que ha sido transmitida de generación en generación.

Es absurda la idea de que al pasar tiempo suficiente algo cambia como por arte de magia y nos sentiremos bien nuevamente. Si se tratara de algún otro tipo de dolor humano, nadie diría "dale tiempo".

Si te encontraras con una persona que se rompió un brazo, no le dirías "simplemente dale tiempo". De la misma forma que un hueso roto debe ser colocado adecuadamente para que sane, el *corazón emocional* roto también debe ser tratado así.

Todos conocemos personas que sufren porque siguen esperando que el tiempo alivie sus heridas. Lamentablemente piensan que esto sucederá. Algunos de nuestros lectores saben que esto no es posible.

En uno de nuestros seminarios pedimos que levantaran la mano quienes estaban todavía sufriendo el dolor de un fallecimiento o un divorcio sucedido hace más de veinte años. Tal como era de esperarse, mucha gente levantó la mano. Todos pensaban que el tiempo lo cura todo. Preguntamos a una mujer si veinte años no era mucho tiempo de espera para su recuperación. Ella respondió con una frase clásica y clara: "Sí, lo es, pero no sé que otra cosa puedo hacer". ¿Puedes imaginar el dolor y la frustración que sentía? ¡Cuántos años esperando alivio en vano!

Ahora una pregunta para demostrar lo absurdo que es esperar a que el tiempo traiga alivio. Si te dieras cuenta de que tu auto tiene una llanta baja, ¿pondrías una silla cerca de tu auto y te sentarías a esperar que el aire, por si solo, regrese a ella? Parece absurdo, ¿no?

El tiempo por sí mismo no alivia. Lo que tú hagas durante ese tiempo es lo que te ayudará a recuperarte de un dolor emocional.

Vamos a recordar lo que John y Russell habían aprendido sobre el dolor emocional:

1. No te sientas mal.
2. Reemplaza lo que has perdido.
3. Sufre solo.
4. Dale tiempo.

En 1957, la abuela de Russell falleció. Estaba viviendo con la familia desde que la madre de Russell volvió a trabajar. La abuela se encargaba de cuidar al hermano pequeño de Russell, diez años menor que él. Russell nunca se había sentido cercano a su abuela. En ocasiones pensó que ella era cruel con él, pero en esa época no estaba bien visto hablar mal de alguien de la familia. Se pensaba que los lazos de sangre eran lo más importante.

La familia se reunió cuando la abuela murió. Russell recuerda que le dijeron: "Piensa en tu hermano", en vez de "tienes que ser fuerte".

Significado: Sé fuerte por los demás.

No hubo instrucciones específicas sobre qué significaba "ser fuerte por los demás". Es una expresión que suena bien, pero no tiene valor real. Muchos años después, cuando Russell y su primera esposa se divorciaron, le vino a la mente el mensaje "sé fuerte por los demás". Esta es una de las ideas que le dieron a Russell sobre qué hacer al sufrir una pérdida. Se dio cuenta inmediatamente de que no tenía ninguna aplicación a su divorcio y que no sabía qué hacer: él mismo era "el otro".

Durante los más de veinte años que hemos ayudado a muchas personas, "sé fuerte" o "sé fuerte por los demás" están entre las diez ideas populares más confusas en relación con la pérdida. Son vagas porque no es posible ponerlas en práctica.

Hasta este momento, John y Russell habían acumulado cinco frases clave de información:

1. No te sientas mal.
2. Reemplaza lo que has perdido.
3. Sufre solo.
4. Dale tiempo.
5. Sé fuerte por los demás.

Hay muchas ideas que no ayudan en la recuperación. Las cinco que hemos mencionado son probablemente las más comunes. Se presentan con mucha frecuencia, aunque no en todos los casos. La siguiente idea que presentamos es tan usual que mucha gente la cree verdadera y efectiva cuando en realidad no es ninguna de las dos cosas.

"Mantente ocupado" o "debes estar activo" son dos frases que todos hemos oído cuando se habla de una pérdida importante.

Significado: Mantente ocupado.

Esta es una cuestión importante. ¿Mantenernos ocupados identifica y soluciona las causas de nuestra pena? La respuesta obviamente es no. Entonces, ¿qué se logra al mantenernos ocupados? Nos distraemos. Simplemente pasamos el día.

El dolor de la pérdida se oculta al estar ocupado siempre, pero no se soluciona. Todas las personas con quienes hemos hablado nos dicen: "No importa lo ocupado que me mantenga, al final del día hay un vacío en mi corazón". Anteriormente, definimos el dolor emocional como "los sentimientos contradictorios que experimentamos cuando sucede un cambio en lo que era un patrón normal de comportamiento, o cuando dicho comportamiento termina". Una muerte, un divorcio o cualquier otra pérdida mayor, trae consigo grandes cambios. Es difícil adaptarse después de una pérdida emocional. Si antes de sufrir tu pérdida no eras una persona muy activa, mantenerte ocupado será un cambio más para ti.

La idea más peligrosa en relación con mantenerse ocupado es que te hará sentir mejor. No es más que una distracción. No cambia la realidad de que para recuperarte efectivamente debes emprender ciertas acciones. Hemos escuchado muchísimas veces: "No lo entiendo. Me mantengo ocupado, pero en vez de mejorar, me siento peor".

John, Russell y quizás muchos de nuestros lectores, fueron equipados con varias ideas erróneas sobre qué hacer ante una pérdida. Las seis que hemos identificado hasta el momento son:

1. No te sientas mal.
2. Reemplaza lo que has perdido.
3. Sufre solo.
4. Dale tiempo.
5. Sé fuerte por los demás.
6. Mantente ocupado.

Ninguna de estas ideas nos llevará a las acciones que de verdad nos ayudarán a descubrir y solucionar las emociones conflictivas que se acumulan en cualquier relación.

PARTICIPAR EN TU RECUPERACIÓN

Ya hemos dicho que nos han enseñado a aislarnos cuando sentimos dolor. Probablemente has sufrido por esto. Dado que el aislamiento es uno de los problemas más comunes, resulta claro que parte de la solución es la participación.

Vamos a sugerirte que empieces en este mismo momento a participar activamente en tu propia recuperación. Utilizando como guía la lista de las seis ideas incorrectas que presentamos, trata de recordar si hay otros conceptos que te fueron enseñados, o que influyeron en tus creencias sobre qué debes hacer cuando te sientes triste, adolorido o afligido.

PÉRDIDA DE LA CONFIANZA

Cuando algo triste sucede, la respuesta normal es sentirse triste. Pero cada vez que expresamos nuestras emociones naturales nos encontramos con respuestas de la lista que hemos visto, empezando por "no te sientas mal".

Tanto John como Russell dijeron lo que sentían a sus padres, maestros, entrenadores y otras personas cercanas, sólo para obtener respuestas intelectuales. Estas respuestas inútiles se fueron acumulando, dando como resultado la pérdida de la confianza. Aun cuando al inicio se perdió la confianza en uno de los padres u otra figura de autoridad, eventualmente ésta se extendió a todas las relaciones.

El padre de John era alcohólico. Cuando bebía, le pegaba por cosas que no había hecho.

> *Nunca me creyó y siempre me castigó, a pesar de que le decía que no era mi culpa. Me parecía muy injusto y mi confianza en él disminuyó.*

Dado que la pérdida nunca fue aclarada, la desconfianza de John hacia los adultos fue en aumento. Confiaba menos y estaba más a la defensiva. Esto redujo la vitalidad y la libertad de John. Limitó el tipo de personas con las que pudo mantener relaciones basadas en la confianza. Lo llevó a desconfiar de las figuras de autoridad.

"No estoy diciendo en absoluto que mi pérdida de confianza esté justificada". Debido a que la pérdida de confianza es dolorosa, John aprendió que la solución para evitar más dolor en un futuro era *no confiar más.*

El rompimiento de su primer noviazgo reforzó la idea de que era mejor no confiar en la gente. A partir de ese momento le fue muy difícil confiar en las chicas con las que salía. Como no quería ser lastimado de nuevo, se mantenía distante y era ambivalente. Esto limitó su capacidad de disfrutar de la vida. Sabemos de muchas personas tienen problemas al iniciar una relación porque temen que al final acabarán sufriendo otra pérdida emocional.

Conforme avances en este libro y emprendas las acciones que te llevarán a recuperarte, podrás experimentar una sensación de desconfianza. No podemos obligarte a que te sientas seguro de tus emociones o que confíes en ellas. Lo que sí podemos hacer es compartir contigo el hecho de que nos hemos sentido igual que tú. Tampoco nos sentíamos seguros. Estábamos tan condicionados a esconder nuestras emociones detrás de ideas intelectuales, que llegamos a pensar que quizás sentir emociones era un defecto. Por favor, sigue leyendo aunque en este momento tengas tus reservas.

CON LA PRÁCTICA SE FORMAN HÁBITOS

¿Por qué seguimos insistiendo en usar información que no nos ha dado buenos resultados? Para comprenderlo, necesitamos entender esa computadora que llamamos mente.

En primer lugar, la mente sólo tiene acceso a lo que ha aprendido. No puede utilizar lo que no conoce. Si sólo te han dado información errónea, eso es lo único que tienes disponible. En segundo lugar, al guardar información le damos también cierta importancia. Esto significa que mientras más confiemos en la fuente de información, más la defenderemos como verdadera. La mayor parte de lo que John y Russell aprendieron sobre las pérdidas se las enseñaron sus padres. Para un niño, los padres son una fuente de información muy importante. En último lugar, la mente tiende a creer que toda la información que conserva *siempre es correcta*. Por eso la gente critica a los demás. Si tú crees que tienes razón y los demás no están de acuerdo contigo, ¡ellos deben estar equivocados!

Estas son las razones por las que continuamos tratando de procesar nuestras pérdidas a través de conceptos que no funcionan. Creemos que lo que sabemos acerca de las pérdidas es correcto. El hecho de que estés leyendo este libro demuestra que no has aliviado tu pesar ni has mejorado tu condición de la manera que quisieras.

Si reconoces que practicaste y convertiste ideas erróneas en costumbre, podrás aceptar que al poner en práctica ideas correctas obtendrás resultados diferentes. Te vamos a dar la información correcta para ayudarte a descubrir y sanar los aspectos difíciles que puede haber en tus relaciones con otras personas, vivas o muertas. Conviene que practiques lo que vayas aprendiendo en este libro.

4

Los Demás Están Mal Preparados para Ayudarnos

Probablemente te identificaste con algunas de las experiencias que describimos en el tercer capítulo. Quizás hayas recordado algunas de las vivencias de tu infancia que formaron en ti ideas inadecuadas sobre cómo procesar la pérdida. Casi todas las personas en nuestra sociedad tienen en su mente alguna información incorrecta, poco adecuada al respecto.

Es natural y muy sano que quienes sufren traten de contar con el apoyo de los demás. Sin embargo, al poco tiempo resulta claro que los amigos y conocidos no nos pueden ayudar mucho, pues a pesar de tener buenas intenciones, a menudo dicen cosas inapropiadas.

NO SABEN QUÉ DECIR

Empecemos con una de las frases que más escuchan quienes sufren una pena emocional. Bien sea que tu pérdida haya sido generada por un fallecimiento, un divorcio o algún otro acontecimiento mayor, es probable que te hayan dicho: “Sé cómo te sientes”. Esta frase se suele decir con gran compasión y con la intención de aliviar tu dolor.

La mayoría de la gente indica que no siente ningún alivio al escuchar dicho comentario. Si éste lleva buenas intenciones, ¿por qué las personas que sufren reaccionan negativamente? La respuesta está en la verdad fundamental acerca del dolor y la superación emocional que mencionamos anteriormente.

Todas las relaciones son únicas ¡Sin excepciones!

Por lo tanto, nadie sabe cómo te sientes.

Ni siquiera un buen amigo que ha vivido una pérdida similar sabe cómo te sientes. Una pérdida similar lo es sólo en concepto intelectual lo que no ayuda emocionalmente. No refleja la singularidad de la relación individual. El hecho de que tanto mi madre como la tuya hayan muerto es solamente un hecho intelectual que compartimos. Este dato personal no es diferente ni más importante, que saber la talla de zapatos que usamos. Si nuestras palabras son drásticas, lo hacemos deliberadamente. Debemos evitar que las conexiones intelectuales se sobrepongan a las verdades emocionales.

Por ejemplo, si la relación con tu madre fue amorosa y satisfactoria, mientras que la relación entre mi madre y yo fue combativa, inestable y dolorosa, "¿sabes cómo me siento?" Es importante repetirlo:

Todas las relaciones son únicas ¡Sin excepciones!

Tu recuperación empezará cuando entiendas y aceptes esta premisa. Recuperación significa "descubrir y sanar" las emociones problemáticas que quedaron pendientes en esa relación que fue "única".

La mayoría de quienes nos rodean no tienen experiencias *exitosas* de recuperación para compartir con nosotros. Por lo tanto, y sin mala intención, nos sugieren que *actuemos como si nos hubiéramos recuperado.* Esto es tan común que el siguiente capítulo está dedicado a este fenómeno.

TIENEN MIEDO A NUESTRAS EMOCIONES

Desde muy pequeños se nos enseña que es inapropiado sentir y mostrar sentimientos como la tristeza, el dolor o las emociones negativas. Empieza con la advertencia "los niños grandes no lloran". De hecho, uno puede escuchar a algunos padres decir: "Deja de llorar, o te daré una buena razón para hacerlo".

Cabe aclarar que no deseamos dar la impresión de que los padres son insensibles con sus hijos, ya que no sería verdad. Más bien se limitan a enseñar a sus hijos lo que sus padres les enseñaron a su vez, es decir, aprendieron que sentir y mostrar sentimientos negativos, tristeza o dolor, no es aceptable en nuestra sociedad.

Como prueba de que estas lecciones son aprendidas a muy temprana edad, basta observar niños de cuatro o cinco años jugando en un parque. A esa edad ya se burlan unos de otros, llamándose peyorativamente "llorón".

En las siguientes frases, que son usadas comúnmente, es fácil ver el miedo que otros sienten cuando mostramos nuestras emociones:

> "Contrólate".
>
> "No puedes venirte abajo".
>
> "Al mal tiempo buena cara".
>
> "Haz de tripas corazón".

Socialmente nos sentimos incómodos ante la expresión de emociones dolorosas. Esto mantiene vivo el miedo a expresar los sentimientos normales que acarrea una pérdida emocional.

TRATAN DE CAMBIAR EL TEMA

Seguramente, en más de una ocasión quisiste decirle a algún amigo cómo te sentías ante alguna situación emocional importante en tu vida. Posiblemente recuerdes que tu amigo te escuchó un rato y de repente dijo: "Eso suena muy mal, pero ¿te enteraste de lo que pasó en la bolsa de valores?

Este ejemplo no nos explica lo que de verdad está pasando. Observemos detalladamente otro ejemplo:

Un doliente cuya madre murió trata de platicárselo a un amigo.

AMIGO: ¿Cómo estás?

DOLIENTE: Me siento destrozado. La extraño muchísimo.

AMIGO: No te sientas mal, ella ya no sufre.

Fíjate cuidadosamente en el sutil cambio de la conversación. La persona que sufre es quien se siente triste y su amigo habla de la persona que murió. Esto implica que si la persona que quieres ya no está sufriendo, tú tampoco debes sufrir.

En el ejemplo anterior–debemos reconocer que la forma de reaccionar del amigo no es mejor ni peor que de la mayoría de las personas de nuestra sociedad–el amigo aprendió las mismas ideas falsas que a todos nos han enseñado. Está tratando de ayudarnos, amorosamente, practicando lo que aprendió a lo largo de su vida.

Esta actitud de *cambiar el tema* fue mostrada en el programa de televisión *20/20*, durante un reportaje dedicado al dolor ocasionado por la muerte de una mascota. Se mostraba con sensibilidad las emociones de las personas que perdieron a sus animales. Al terminar, la cámara enfocó a Hugh Downs y Bárbara Walters, cuyos ojos empezaban a mostrar lágrimas. Ella comentó: "Mejor cambiamos de tema antes de que empiece a llorar". El mensaje claramente transmitido a los televidentes es que mostrar emociones es inaceptable. En otras palabras: "Manejemos nuestras emociones cambiando de tema".

INTELECTUALIZAN

Tratar de distraer a alguien de sus emociones hablándole de conceptos intelectuales es peligroso y contraproducente para la persona que sufre. Por definición, la pena es la respuesta emocional a una pérdida. En sí, la causa del dolor es intelectual, pero cualquiera que ésta sea, la reacción siempre es emocional.

Esto no significa que sea erróneo utilizar nuestra mente pero tampoco que no usemos ambos: intelecto y emociones cuando es lo adecuado. Uno de los privilegios de pertenecer a la especie humana es poder expresar y comunicar las emociones; sin embargo, nuestra sociedad parece valorar negativamente este don.

Nuestra dependencia sobre el intelecto a costa de las emociones alcanza proporciones epidémicas, especialmente si se trata del dolor emocional. Una de las razones es que la muerte de alguien muy cercano no ocurre todos los días. Si las estadísticas son correctas, sufriremos la pérdida de un ser querido cada nueve a trece años. Incluso, aunque lo combinemos con otras pérdidas emocionales mayores, las pérdidas significantes son tan poco frecuentes que nunca nos familiarizamos con esta experiencia. Continuamos el hábito de actuar con base en la información inadecuada porque no tenemos suficiente experiencia personal. Este hábito da como resultado la falta de resolución de sucesos dolorosos. Por ello, no es sorprendente que la gente trate de usar el intelecto al enfrentar una pena. Estamos más familiarizados con nuestra mente, ya que la usamos todos los días.

Basado en las encuestas informales que hacemos en nuestros seminarios, cuatro de cada cinco comentarios que una persona recibe de sus amigos, inmediatamente después de sufrir una pérdida, le sugieren no hacer frente a las emociones que está sintiendo. Esas expresiones son usualmente de tipo intelectual.

Algunos investigadores han estudiado las frases que normalmente se dicen a amigos y familiares cuando ocurre un fallecimiento. Muchas de ellas son tan comunes que pueden ser clasificadas en dos categorías:

1. Las que son útiles a los dolientes.
2. Las que son inútiles.

Las frases inútiles, aunque bien intencionadas, apelan al intelecto o dan consejos que son difíciles o peligrosos de seguir, como por ejemplo:

"Da gracias a Dios porque tienes otro hijo"

"Al mal tiempo buena cara"

"Ya está en el cielo"

"Todo en esta vida tiene un final"

"Tuvo una vida plena"

"Encontrarás a alguien más"

"Dios no te daría más de lo que puedas soportar"

"Da gracias de que le tuviste tanto tiempo"

Todos hemos escuchado muchos comentarios de este tipo. Dado que quien ha sufrido la pérdida está experimentando emociones intensamente dolorosas, estas frases que apelan al intelecto son inapropiadas. Un divorcio y otras pérdidas importantes también generan este tipo de comentarios inútiles por parte de amigos y familiares bienintencionados.

NO NOS ESCUCHAN

No limitemos nuestra discusión a comentarios hechos después de un fallecimiento o un divorcio. La siguiente situación tuvo lugar ante una pérdida diferente, e ilustra lo mal que otras personas normalmente responden a nuestros sentimientos normales. Uno de nuestros amigos dio una fiesta. Mary, su hija adolescente, invitó a tres de sus mejores amigas. Al empezar la fiesta el teléfono sonó en varias ocasiones. Las tres mejores amigas llamaron para decir que no asistirían porque habían hecho otros planes. Mary estaba muy triste y fue a decirle a su madre lo que había pasado. Ella le respondió: "No te sientas mal, aquí hay mucha gente agradable con la que te puedes divertir". Como recordarás, cuando la perra de John murió y ante el fallecimiento de su abuelo, la primera respuesta siempre fue: "No te sientas mal". La historia se repite... no te sientas como te sientes, porque la tristeza, el dolor o las emociones negativas no son buenas. Debes encontrar otra emoción más aceptable, algo positivo.

Afortunadamente otro amigo de la familia estaba cerca. Mary decidió intentar de nuevo que alguien escuchara sus sentimientos. Fue y le dijo a ese amigo lo que había pasado. Después de escucharla le dijo: "¡Ay!, debes estar tan decepcionada". "Sí", respondió Mary llorando.

Él la abrazó. Mary le dio las gracias por haberla escuchado, fue a limpiarse la cara y regresó a la fiesta, en la cual se divirtió *después de que sus emociones fueron escuchadas y aceptadas.*

Quienes sufren desean y necesitan ser *escuchados*, no compuestos. En la historia anterior, el amigo no arregló nada, simplemente escuchó las emociones que tenían que ser comunicadas. Era todo lo que Mary necesitaba. Después, ella tomó la decisión intelectual de disfrutar el resto de la fiesta, a pesar de que no iba a ser como le hubiera gustado. Hasta cierto punto, la recuperación de una pena depende de ser escuchado.

NO QUIEREN HABLAR DE LA MUERTE

Otra forma de distracción es cómo la gente habla o no sobre la muerte. De hecho, hemos llegado a extremos tales que no podemos ni decir la palabra muerte. Analiza lo siguiente:

> "Ella se ha ido"
>
> "Ya no está con nosotros"
>
> "Está descansando en paz"
>
> "Se ha ido a dormir para siempre"
>
> "Hemos perdido a nuestra madre"

Imagínate cómo le suenan estas expresiones a un niño que espera escuchar respuestas verdaderas.

> *¿Qué le pasó a mi abuelo?*
> *Se ha quedado dormido.*

El niño mira a su abuelo en el féretro y sabe que hay algo raro en la respuesta. Está confundido, pero supone que le han dicho la verdad y piensa que debe haber dos formas distintas de dormirse. Así es que durante los meses siguientes tiene miedo de irse a dormir.

Lamentamos decirlo, pero desde el punto de vista de los niños, le hemos dado a Dios mala reputación:

> *¿Qué le pasó a mi papá?*
> *Dios se lo llevó.*

Años después, el niño continúa molesto y confundido sobre Dios. ¿No creen que sería mejor que los padres dijeran la verdad y lo que creen? "Tu padre ha muerto. Nosotros creemos que al morir, se ha ido con Dios".

Generalmente es mejor evadir las metáforas al hablar a los niños sobre la muerte. Las mentes en desarrollo no siempre tienen la capacidad de entenderlas y asociarlas con la realidad.

DISTORSIONES PROFESIONALES

Nuestras creencias establecen cómo nos sentimos. Si tenemos ideas falsas, generaremos ideas falsas. El área que particularmente parece estar más plagada de ideas erróneas es la de dolor emocional, tanto que la palabra *duelo* suele ser sustituida por otras palabras inadecuadas y confusas.

Ante una pérdida la persona siente dolor. El dolor emocional es el rango de emociones humanas que ocurren naturalmente cuando experimentamos una pérdida. Cuando el duelo está mal definido, la persona que sufre es guiada inconscientemente a evadir la secuencia normal de emociones y acciones que le podrían llevar a recuperarse. El dolor emocional es la reacción natural y normal ante una pérdida. No es una condición patológica por sí misma ni un trastorno de la personalidad. Se le aplican nombres equivocados como presión, estrés, desgaste, tensión como trastorno de estrés postraumático y déficit de atención. Esos términos tienen un significado y un valor cuando son utilizados en el contexto adecuado, pero se tornan peligrosos cuando son mal usados.

Quizás la palabra peor utilizada y malentendida en el tema de la pena es *depresión*. Trágicamente, el empleo incorrecto de esta palabra ha generado una epidemia en el uso de medicamentos para tratar el duelo.

Queremos que este manual ayude sin que parezca un libro de texto. Para ello, explicaremos lo que queremos decir de la forma más sencilla posible. La depresión clínica, tal como es definida por un psiquiatra o un psicólogo, incluye muchos de los mismos síntomas que mencionan quienes acaban de sufrir una muerte o un divorcio. Cuando los dolientes usan la palabra *depresión* a lo que se refieren típicamente es a un "estado de disminución de energía". Supongamos que una pareja ha estado casada durante cuarenta años. Si el cónyuge muere, ¿no es lógico que el doliente se sienta con menos energía? ¿Acaso la persona que sufre no puede experimentar emociones cambiantes en lo que se adapta a una nueva realidad que puede ser dolorosa y confusa? Creemos que sí.

Muchas personas buscan una solución médica a un problema que no es de naturaleza médica, lo cual puede ser peligroso. El tratamiento del dolor emocional con medicamentos puede enmascarar las reacciones normales y naturales ante una pérdida. Una vez que esos sentimientos han sido sepultados, es difícil conectar de nuevo con ellos.

Tratándose de la recuperación de una pena emocional, las terapias que incluyen medicamentos caen dentro de la categoría de Formas de Escape Temporal (FET). Sin duda, éstos pueden desviar la atención del doliente y distraerle. En ciertas circunstancias una persona obtiene beneficios a corto plazo con el uso de medicamentos que alteran las condiciones mentales. El peligro está en la ilusión de bienestar y dependencia a largo plazo que suele acompañar a dichos tratamientos.

Podrías tener mucha presión profesional y de tus amigos para comenzar un tratamiento con base en medicamentos como respuesta a una pérdida. Ten en cuenta que ellos también crecieron en un ambiente en el que les enseñaron que las sustancias son una respuesta a las emociones. "No te sientas mal. Toma un vaso de leche y unas galletas. Te sentirás mejor". Ten cuidado con la idea paralela: "No te sientas mal. Tómate una pastilla y te sentirás mejor". Sabemos que estás muy vulnerable en este momento y que podrías tener dificultad para tomar las decisiones apropiadas. Te sugerimos que trates de aceptar el dolor natural que la pérdida te ocasiona y te embarques en el programa de recuperación que detallamos en este manual. Si te parece muy difícil, siempre puedes utilizar medicamentos como una segunda alternativa.

No promovemos el dolor. Si hubiese alguna forma más suave o sencilla, la compartiríamos contigo. La pena es dolorosa; así es. Nuestra experiencia demuestra que ver el dolor emocional como algo natural trae más beneficios a largo plazo que ninguna otra opción.

DESEAN QUE MANTENGAMOS NUESTRA FE

En 1969, el hermano menor de John murió. John recuerda que le dijeron: "No debes enojarte con Dios". John lo sabía, pero de cualquier manera estaba enojado. Nadie le dijo que sentir molestia contra Dios es una respuesta normal ante una muerte prematura. Durante años hemos confiado en razones intelectuales; por lo tanto, buscamos explicaciones racionales a los hechos. Culpamos a Dios cuando no podemos encontrar una razón.

Este enojo contra Dios pasará si se nos permite expresar nuestros sentimientos. Queremos decirle a alguien que estamos enojados con Dios sin ser juzgados por ello y sin que nos digan que somos malos. De no ser así, el enojo permanecerá para siempre y limitará nuestro crecimiento espiritual. Conocemos a personas que nunca pudieron reintegrarse a su religión porque no les permitieron expresar sus verdaderas emociones. Si esto sucede, la persona que sufre podría perder una de sus fuentes de apoyo más importantes.

FE Y SENTIMIENTOS: HAY UNA DIFERENCIA

A través de los años hemos visto la utilidad de ayudar a los dolientes a distinguir entre fe y sentimientos. Sabemos que puede sonar raro, pero muchas personas intuyen lo que queremos decir. Hemos hablado de las emociones y la mente. Ahora necesitamos considerar el aspecto espiritual del duelo. Mientras que es posible encontrar una conexión causa-efecto directa entre ideas intelectuales y emociones, en el caso de la fe es muy diferente. La fe no necesita razones, es espiritual, no intelectual ni emocional.

Hay dos posibilidades muy distintas ante una pérdida:

1. Tu fe puede hacerse añicos o ser afectada.
2. Tu fe puede permanecer inalterable, sin importar la naturaleza de tu dolor.

Con frecuencia, la muerte de un hijo o un accidente trágico daña la fe de una persona. Sugerimos que la persona que sufre se dedique primero a resolver su relación con la persona que ha muerto. Usualmente la fe regresa y muchas veces con mayor intensidad, una vez que la pérdida se superó. Si la fe no regresa, ayudamos a las personas a sanar su pérdida de confianza en Dios. Usamos los mismos principios en los casos de pérdida de confianza en padres, médicos, representantes religiosos y terapeutas.

Motivamos a quienes conservan su fe intacta a que la usen para tener el valor de seguir las acciones que los llevarán a recuperarse. Una vez más, usaremos la metáfora de las opciones ante una llanta baja:

1. Sentarse enfrente de la rueda y rezarle a Dios para que la infle de nuevo.
2. Llamar a alguien que pueda repararla y después rezarle a Dios para que esa persona llegue rápido.

Todas las pérdidas no superadas siempre tienen como base emociones que no fueron comunicadas, que se acumularon en una relación a través del tiempo. La fe y la oración son magníficos recursos aplicables a la vida diaria. Sin embargo, no pueden por sí mismas encontrar y resolver lo que no ha sido procesado.

Se dice que Dios ayuda a quienes se ayudan a sí mismos. Estamos de acuerdo. Creemos que la forma de ayudarnos a nosotros mismos es llevando al cabo las acciones precisas para recuperarnos de la pena, descubriendo y procesando lo que no se ha resuelto en nuestras relaciones.

5

"El Óscar" a la Recuperación

Comentamos en el capítulo anterior que generalmente la sociedad nos enseña a *actuar como si nos hubiéramos recuperado*. Es muy importante que comprendas este aspecto del proceso de recuperación: esa falsa imagen de recuperación, que es como una máscara, es el obstáculo que frecuentemente deben superar quienes desean sobreponerse a una pérdida. A esa falsa imagen nos referimos al hablar del *"Óscar"* a la recuperación. También se puede llamar "estoy bien", "pongo buena cara", "disimulo por el bien de mi familia y amigos" o "lo hago por ayudar a los demás". Es importante que te preguntes cuántas de esas actuaciones de recuperación has representado. ¿Sabes de qué estamos hablando, verdad?

En el capítulo anterior discutimos cómo responden ante nuestra pérdida los que están a nuestro alrededor. Hemos visto que la mayoría de los comentarios que la gente expresa van dirigidos al intelecto y no promueven la expresión de emociones. Esa intelectualización aumenta la sensación de aislamiento, creando además la impresión de ser juzgado, evaluado y criticado. Muy pronto quien ha sufrido una pérdida se da cuenta de que para ser tratado de una forma aceptable, debe "actuar como si se hubiera recuperado".

¿DIVINIZAR O SATANIZAR?

Intentando ser aceptadas, algunas personas que sufren una pérdida aparentan haberse recuperado y tratan de concentrarse sólo en recuerdos positivos. Cuando se trata de un duelo que no ha sido resuelto, lo llamamos "divinizar". En su presentación más dañina, el divinizar puede incluir la construcción obsesiva de monumentos a la persona que falleció. Una forma de demostrarlo puede ser conservar un gran número de objetos que representan a esa persona. Un ejemplo es la madre que no ha movido un solo objeto de la habitación de su hija, a pesar de que ésta falleció hace más de cinco años.

Menos crítica, pero igualmente limitante, es la divinización que simplemente impide al doliente ver claramente los diferentes aspectos de la relación. Muchas personas que han sufrido una pérdida limitan sus emociones y pensamientos a memorias o comentarios positivos sobre la persona que murió. La idea de "no hablar mal de los que han muerto" es un ejemplo de información que no ayuda en el proceso de recuperación. De ninguna manera estamos sugiriendo que se hable mal de alguien a diestra y siniestra, esté vivo o muerto. Lo que afirmamos es que resulta prácticamente imposible superar la pena causada por una muerte, un divorcio o cualquier otra pérdida emocional importante, sin contemplar en su totalidad la relación, no sólo los aspectos positivos.

Satanizar es lo opuesto a divinizar. En este caso, quien sufrió la pérdida tiene una larga lista de quejas que detallan una vida llena de maltratos. La persona no está dispuesta a dejar pasar las decepciones y los disgustos. Ve al otro como un villano. Al satanizar, la persona que sufrió la pérdida se aferra a lo negativo, de la misma forma que quien diviniza se apega a lo positivo; ninguno de los dos puede ver todos los aspectos de la relación.

Todas las relaciones incluyen intercambios positivos y negativos. Sólo siendo honesto contigo mismo y con los demás, podrás recuperarte de la pérdida que has sufrido.

QUEREMOS LA APROBACIÓN DE LOS DEMÁS

A todos nos gusta recibir halagos y aprecio. Buscamos aprobación. Deseamos ser considerados inteligentes, maduros y de carácter íntegro. Todos queremos sentirnos como parte de un grupo. Adquirimos esta necesidad durante la infancia y con frecuencia es reforzada hasta el punto de convertirse en obsesión.

Anteriormente explicamos que un gran porcentaje de los comentarios que la gente hace a quienes sufren una pérdida no son útiles. Aconsejan actividades que son meramente distracciones, o convierten emociones en conceptos intelectuales. Dado que la necesidad de aprobación es un aspecto de gran importancia en nuestra adaptación social, intentamos ajustarnos a las ideas que nos son sugeridas.

John estaba destrozado cuando su hijo recién nacido falleció. Los comentarios que le hacían eran de este tipo:

> "Tú y tu esposa tienen que estar agradecidos porque pueden tener más hijos"
>
> "Simplemente no les tocaba"
>
> "Son lo suficientemente fuertes para manejar esto"

Aun cuando estas frases eran válidas a nivel intelectual, no ayudaron a John a explorar sus sentimientos. Él sintió que sus amigos no estaban interesados en escucharlo sobre su estado emocional. Además, no quería estar solo. La cuestión era: ¿cómo podía hablar honestamente sobre sus emociones sin incomodar a sus amigos?

Cuando Russell y su primera esposa se divorciaron, sus amigos, con las mejores intenciones, le dijeron:

"La próxima vez te irá mejor"

"No era la mujer adecuada para ti"

Russell tenía la necesidad, totalmente normal, de ser escuchado, pero esos comentarios le impidieron hablar y de forma inadvertida lo llevaron a enterrar sus emociones.

John y Russell deseaban contar con la aprobación de sus seres cercanos. Estaban cansados de sentirse mal y querían recuperarse, pero al no encontrar en sus amigos y familiares el apoyo necesario optaron por actuar como si se hubieran recuperado. Pusieron su mejor cara, ganadora de un Óscar. Aparentaron estar bien, a pesar de que no habían superado su pérdida en lo más mínimo. Su actuación fue tan buena que casi se convencieron a ellos mismos de que estaban bien.

"ESTOY BIEN" SUELE SER UNA MENTIRA

En nuestro trabajo por todo el país tratando con gente que sufre pérdidas emocionales, nos hemos encontrado con algunas personas que parecen ser las más maduras del mundo. Tienen buen aspecto, se expresan bien y hasta tratan de convencernos de que se sienten bien. Cuando conocemos a alguien que acaba de sufrir una pérdida y le preguntamos cómo está, la respuesta es siempre la misma: "Estoy bien".

Cuando nos dirigimos a un grupo numeroso de personas, con frecuencia preguntamos a quiénes les gusta que les mientan. Por supuesto, nadie levanta la mano. A continuación preguntamos quiénes han mentido sobre sus emociones después de un suceso triste o doloroso. Todos levantan la mano. Es muy lamentable darnos cuenta de que nos han enseñado a mentir sobre nuestros sentimientos por temor a ser juzgados o criticados.

El peligro de decir "estoy bien" reside en que no ayuda a recuperarse de una pérdida emocional. Decir "estoy bien" simplemente nos distrae a nosotros y a los demás, mientras que el dolor y la soledad siguen por dentro. Es como cerrar una cicatriz sobre una infección, dejando la enfermedad en el cuerpo.

EMPEZAMOS A PERDER UNA GRAN CANTIDAD DE ENERGÍA

Al hablar con miles de dolientes, rara vez alguno nos alega cuando le decimos que parece que no tiene energía para seguir adelante. En ocasiones, es lo único que el doliente puede hacer para levantarse en la mañana, y sobrellevar el día, la semana, el mes, y quizá la vida en piloto automático. Viven sin energía ni vitalidad.

Una pérdida no superada consume gran cantidad de energía porque la mayoría de las veces sólo *se tratan los síntomas*, mientras el pesar permanece enterrado. Muchas personas, incluyendo profesionales de la salud mental, no entienden el hecho de que las *pérdidas emocionales no resueltas son acumulativas y lo son negativamente acumulativas.*

Como es lógico, la energía humana se utiliza de manera eficiente cuando nuestra mente y nuestro cuerpo están en armonía. Una pérdida no superada nos separa de nosotros mismos. Por ejemplo, ¿cuántas veces has manejado tu coche y de repente te das cuenta de que, en los tres últimos kilómetros, tu mente ha estado en otro sitio? Podrías haber estado manteniendo una conversación imaginaria con una persona que no estaba en el auto contigo y fue un verdadero milagro que no hayas tenido un accidente, dado lo distraído que estabas. Con frecuencia esos diálogos imaginarios son con una persona que ha muerto o con un ex cónyuge. En la mayor parte de los casos esas conversaciones representan un aspecto de la relación que no se ha resuelto entre esa persona–ya sea que esté viva o muerta–y tú. Aferrarse a emociones estancadas consume una cantidad enorme de energía.

PERDEMOS VITALIDAD

Como resultado de vivir en la mentira del "Óscar" a la recuperación, muchos de quienes eligen "actuar como si se hubieran recuperado" experimentan una especie de falsa mejoría por lo convincente de su actuación. La consecuencia de esta forma de engaño es la pérdida de vitalidad y espontaneidad, de la que es casi imposible recuperarse. Un gran número de personas cae en un círculo desesperante: a veces se sienten bien y a veces mal, pero nunca pueden regresar al estado de felicidad y alegría plenas.

Es muy caro el precio que tenemos que pagar por aceptar información inadecuada sobre cómo hacer frente a una pérdida. Cada vez que una pérdida no es superada adecuadamente, se convierte en una restricción acumulada a nuestra vitalidad. La vida se percibe como algo que tiene que ser soportado; el mundo parece un sitio hostil para vivir. Nunca tuvimos una oportunidad real de manejar efectivamente las pérdidas que experimentamos en nuestra vida por estar mal informados.

Habrá quienes estén leyendo este libro por razones diferentes a un fallecimiento o un divorcio. Podrías estar reflexionando sobre tu infancia: la promesa de una vida feliz. Quizás, debido a una serie de pequeñas pérdidas emocionales que no fueron resueltas adecuadamente a través de los años, un día despertaste ante la realidad de que tu vida no es simplemente lo que esperabas.

Habrá también quienes ni siquiera recuerden haber tenido la idea de que sus vidas serían maravillosas. Si éste es tu caso, sentirás que sólo conoces la desdicha. Puede que no tengas un punto de referencia de lo que es la felicidad, o que esa referencia sea mínima.

Cualquiera que sea la situación, es probable que hayas intentando mejorar tu bienestar y ser feliz de muchas formas. Quizás a través de terapia, religión, creencias espirituales o un programa de los "Doce pasos" hayas obtenido ideas valiosas, herramientas con las que puedes trabajar. Sin embargo, es posible que tengas la sensación constante de no estar en paz con tu pasado, percepción que a su vez disminuye tu esperanza en el futuro.

No pares de leer ahora. Este libro es para ti.

SEGUNDA PARTE

Preparación para el Cambio: Empezando a Recuperarte

Un doliente logra recuperarse del dolor emocional tomando una serie de acciones pequeñas y correctas. Ya tomaste varias acertadas:

> Aceptaste la existencia de un problema.
>
> Aceptaste que el problema está asociado con una pérdida.
>
> Aceptaste, al empezar a leer este manual, que estás dispuesto a ponerte en acción para superar tu dolor.

Los siguientes cuatro capítulos te presentarán las primeras acciones necesarias para superar tu pérdida. El éxito de tu recuperación depende de tu intención de ejecutar fielmente cada una de las actividades descritas a continuación.

6

Tu Primera Decisión: Elegir Recuperarte

Para poder recuperarnos necesitamos saber dónde y cómo empezar. Las siguientes palabras nos ayudarán a iniciar el proceso de recuperación: *diferente, mejor o más abundante.*

Tanto si la pérdida fue una muerte, un divorcio, o la separación dolorosa de alguna persona, la pregunta "¿qué debería haber sido *diferente, mejor o más abundante*?" te ayudará a encontrar lo que queda pendiente.

Regresemos a la historia del día en que murió el abuelo de John.

El hecho de que John fuera enviado a la oficina del director, reforzó las lecciones que recibió durante toda su vida sobre no hablar de sus emociones. Al estar solo en la oficina y reflexionar sobre su relación, lo que John más quería era darle las gracias a su abuelo por lo mucho que aprendió de él. En varias ocasiones había "dejado para después" esta expresión de agradecimiento. Pero su abuelo murió antes de que ese "después" llegara. John se había quedado sin decirle "gracias". Esta era una de las cosas que él deseaba que hubiesen sido *diferentes, mejores o más abundantes.*

John se empezó a sentir mal sobre las decisiones que había tomado. Muchas personas equivocadamente llaman a esto "sentimiento de culpa". Desear que las cosas hubiesen sido **diferentes, mejores o más abundantes** no es lo mismo que sentirse culpable.

Si no identificamos lo que nos gustaría que hubiese sido *diferente, mejor o más abundante* empezaremos a creer que la pérdida que hemos sufrido, en este caso una muerte, es responsable por lo mal que nos sentimos. No podremos recuperarnos mientras sigamos pensando que alguien o algo es responsable.

¿QUIÉN ES RESPONSABLE?

Después de reconocer la idea de que "el tiempo alivia el dolor emocional" es falsa, el siguiente obstáculo a vencer es la idea incorrecta de que otras personas o acontecimientos son responsables de nuestras emociones. Muchas personas tienen la costumbre de decir:

> "Fulano me ha sacado de quicio"
>
> "Zutano me ha arruinado el día"
>
> "Estaría bien, de no haber sido porque
> Mengano me ha hecho tal cosa"

Es muy común la falta de responsabilidad por nuestras emociones y acciones. Esto también s*e aprende en la infancia:*

> La madre dice al niño: "Me haces tan feliz"
>
> Papá dice: "Me haces sentir orgulloso de ti"
>
> Mamá dice: "No saques de quicio a tu padre"

Como resultado directo de haber oído muchas veces que las acciones de los hijos causan emociones en los padres, los niños se dan cuenta de que lo opuesto también debe ser verdad.

Si puedo hacer que mis papás se sientan de cierta manera, ellos también pueden hacerme sentir así. Esta es una de las mayores contribuciones a la mentalidad de "ser víctimas" que es tan prevalente en nuestra sociedad.

Como dijo Eleanor Roosevelt, *nadie puede hacerte sentir mal contigo mismo sin tu consentimiento.* Pero aun con la ayuda de esta frase, a veces nos es difícil convencer a algunas personas de que nadie es responsable de sus emociones más que ellos mismos. Cuando creemos que una persona o una situación es responsable al cien por ciento de causar nuestras emociones, también le otorgamos la responsabilidad de terminar con esos sentimientos.

Queremos compartir contigo una historia que nos ayudará a explicar este concepto. La llamamos "Manejando al trabajo".

> *Una mañana un hombre maneja su auto de camino al trabajo. Un semáforo pasa a rojo y él, obediente, se detiene. Mientras espera el cambio de luz empieza a fantasear. Entre tanto, la luz cambia a verde. Nuestro amigo no ve que la luz cambió, pero el conductor de atrás sí. Como el auto no se mueve, el otro conductor toca el claxon para indicarle que siga. Nuestro amigo baja la ventana y le da las gracias por haber llamado su atención hacia el semáforo.*

¿A quién estamos tratando de engañar? Sabemos muy bien que la verdad es diferente.

> *Nuestro amigo se siente avergonzado. A nadie le gusta sentirse así. Pero no desea hacerse responsable de su distracción. Él también practicó durante muchos años pasar la responsabilidad de sus emociones a los demás. Por lo tanto, en vez de agradecer al otro conductor por traerlo a la realidad de nuevo, lo que de verdad piensa es: "Ese tipo me saca de quicio".*

Casi instantáneamente, empieza a llenar su mente de planes y trucos para "salvar las apariencias" o desquitarse. Baja la ventana, saca la cabeza y hace exactamente lo que aprendió en aquel seminario en el que participó hace dos años sobre cómo expresar las emociones y grita: "Deja de molestar".

> *Después, arranca y empieza a conducir más lento de lo normal frente al otro conductor para así "castigarlo" por arruinarle el día. ¡Sabe que tiene la razón!*

Nuestro amigo está enojado y no se da cuenta de que él mismo ha creado su incomodidad. No reconoce que es responsable por las emociones que sus actitudes y acciones generaron.

¿Qué arruina un día de campo: la lluvia o la actitud que uno toma ante la lluvia? Esta es una pregunta capciosa. La respuesta es ambas. La lluvia echa a perder un paseo, pero no hay nada que puedas hacer para que no llueva; sólo puedes controlar la forma en que reaccionas ante la lluvia. Esto se aplica también a casi todas las pérdidas. ¿Qué es lo que ocasiona mi dolor: la pérdida en sí misma o mi reacción ante esa pérdida? De nuevo la respuesta es ambas. Aun cuando no podemos cambiar lo que ha pasado, sí podemos hacer algo en relación con nuestras reacciones. Podemos aprender maneras diferentes de reaccionar ante el pesar, desilusión, frustración o dolor que ocasiona una pérdida.

Hay quienes creen que todo, desde un camión que pasa tarde, hasta que les sirvan una comida fría, es resultado de una conspiración internacional. Otros piensan que el gobierno arruina sus vidas, o que su jefe es el causante de su infelicidad. Todo se reduce a la idea de que los demás "nos sacan de quicio". Esto ocasiona una respuesta crítica, casi automática, a cualquier persona o cosa que equivocadamente percibimos como responsable de nuestras emociones. Nos convertimos en expertos en examinar a otros, en lugar de examinarnos a nosotros mismos.

Cuando éramos pequeños no podíamos cambiar las acciones de nuestros padres y de otros adultos. Después, ya de adultos, nos dimos cuenta de acontecimientos que tuvieron lugar y que no teníamos ningún poder para cambiar. En el presente, debemos hacernos responsables por nuestra *reacción actual* a lo que sucedió en el pasado. De no ser así nos sentiremos para siempre como víctimas.

Es suficientemente dañino que nos hayan pasado cosas horribles. Cuando nosotros mismos conservamos vivo, y recreamos, ese dolor a través de nuestros recuerdos, ese daño se multiplica. El problema aumenta porque no nos han enseñado la forma correcta de superar el dolor causado por los recuerdos de hechos que sucedieron mucho tiempo atrás.

Equivocadamente se nos ha educado en la creencia de que somos víctimas de los hechos y no tenemos ningún poder de respuesta sobre ellos; tampoco tenemos control sobre las ideas, emociones y acciones de los demás. Por lo tanto, es inevitable pensar que la lluvia es la responsable de nuestra decepción. La mayor parte de la gente recibe el consejo de simplemente "dejarlo pasar" o "no darle importancia". Sería ideal si tanto el corazón como el cerebro pudieran desechar un problema y seguir adelante. Lamentablemente la naturaleza humana no es así. Nada cambiará hasta que no te hagas responsable de tu propia recuperación. Para ayudarte a romper con la costumbre de creerte víctima de tu pérdida al cien por ciento, te vamos a pedir que adoptes una nueva idea. Queremos que aceptes el uno por ciento de responsabilidad en esa relación por la que sufres. De la misma forma que una llave pequeña puede abrir una puerta grande, creemos que aceptar este porcentaje de responsabilidad abrirá tu corazón y tu mente para iniciar tu proceso de recuperación.

TU SEGUNDA DECISIÓN: TRABAJAR CON UN COMPAÑERO O TÚ SOLO

En condiciones ideales, el proceso de recuperación sucederá en grupo. La estimulación que proporciona escuchar las vivencias de otros puede ayudar a crear una visión más completa de las pérdidas que nos han afectado. Si estás leyendo este libro es posiblemente porque no tienes acceso a uno de nuestros Seminarios para la *Superación de Pérdidas Emocionales* o a los Talleres de *Superación de Pérdidas Emocionales.*

En la primera edición del Manual *Superando Pérdidas Emocionales* se decía a los lectores que no había posibilidad de recuperarse solo, por lo que convenía que buscaran un compañero. Eso disuadió a mucha gente y como consecuencia no emprendieron las acciones necesarias para recuperarse. A partir de entonces descubrimos que también es posible mejorar trabajando a solas.

Para quienes trabajan solos

Si las circunstancias de tu vida actual hacen que buscar una pareja de trabajo te resulte difícil o si la idea te asusta, *sigue las acciones descritas en este libro tú solo.* No te detengas ahora.

Presentaremos adecuadamente las instrucciones necesarias para tu recuperación, tanto si estás trabajando con un compañero o si has decidido hacerlo tú solo.

Compañeros

Seguimos pensando que *si puedes elegir*, es preferible que tengas un compañero o compañera. Alguien que esté trabajando en su propia pérdida. Como regla su pérdida deberá ser diferente a la tuya. De cualquier manera, no es raro que después de un fallecimiento algunos familiares decidan trabajar juntos. Incluso pueden trabajar en la misma pérdida, pero dado que cada relación es única, la recuperación de cada uno será también única. Es aceptable también que una de las personas esté superando una muerte, mientras que su compañero trabaja en un divorcio u otro tipo de pérdida.

ENCONTRAR UN COMPAÑERO

Podrías sentir que nadie entiende realmente tu dolor. Podrías sentir que ni tus amigos saben por lo que estás pasando. La gente dice que te comprende, pero en realidad no pueden. No tuvieron la misma relación que tú. Incluso otros miembros de tu misma familia tuvieron su propia y distinta relación.

A quienes sufren se les suele recomendar que busquen la compañía de otros que hayan tenido pérdidas similares. Se dice a los viudos que sólo otros viudos los pueden entender, a los padres que han perdido un hijo que sólo otros padres en la misma situación los comprenderán. Es falso. Cualquier persona que haya sufrido una pérdida emocional intensa puede convertirse en tu compañero ideal.

Podría haber otro miembro de la familia que esté sufriendo por la muerte de la misma persona que tú. Si hasta ahora no has expresado claramente lo que sientes, es probable que él o ella no tenga idea de lo que estás pasando. Podrías tener un compañero para tu trabajo de recuperación en tu propia familia.

De no ser así, son muchos los lugares donde puedes buscar a tu compañero. Quizás en el trabajo escuches hablar sobre alguien que falleció. El gimnasio, las tiendas donde compras, las organizaciones religiosas o sociales que frecuentas, todos son lugares donde puedes encontrar alguien más que está sufriendo por una pérdida. La próxima vez que acudas a una reunión social, saca a relucir las pérdidas emocionales como tema de conversación. Todos tienen una historia que compartir y algunas personas podrían estar encantadas en participar al saber que existe un programa de recuperación.

Cuando encuentres individuos que puedan ser tus compañeros de trabajo, sé honesto con ellos. Explícales lo que deseas hacer. Pregúntales si también están cansados de sufrir. No te desanimes si algunos deciden no participar. Escucharás todo tipo de excusas. Simplemente continúa buscando hasta que logres encontrar al compañero adecuado.

7

Estableciendo las Bases

En este capítulo suponemos que encontraste a un compañero, o bien elegiste trabajar solo. A continuación presentamos pautas específicas para la reunión inicial con tu compañero. Lee esta parte aun cuando estés trabajando solo. Hay compromisos e instrucciones que son para ti también.

REUNIÓN INICIAL

La primera reunión no llevará mucho tiempo. Una hora debe ser suficiente. Habrá otras cinco reuniones más para procesar las acciones recomendadas en este libro. Entre cada reunión, necesitarás dos o tres días, cuando menos, para completar las lecturas y tareas que se asignan.

Durante la primera reunión decidan el día de la semana más adecuado para ambos. Calculen que cada una de las siguientes reuniones puede tardar de hora y media a dos horas.

Asegúrense de elegir *siempre* un lugar que los haga sentir protegidos y cómodos. Hablar de sus pérdidas probablemente generará emociones que podrían estar acompañadas por lágrimas. Llorar es normal y natural, especialmente al pensar y hablar del dolor sufrido. Pero llorar no es esencial, por lo tanto, no creas que tú o tu compañero tienen algún defecto si las lágrimas no surgen. De la misma manera, no adjudiquen un valor falso al llanto. Llorar no significa solucionar. Alguno de los dos deberá comprometerse a traer pañuelos desechables.

Establece con tu compañero si es adecuado y aceptable abrazarse. Algunas personas prefieren no hacerlo. Si ese es tu caso o el de tu compañero, es perfectamente aceptable. Una regla importante es que las personas no deben tocarse o abrazarse mientras dura un ejercicio, sino esperarse hasta el final. Con frecuencia, el contacto físico detiene una emoción que podría ser beneficioso experimentar.

Para que la persona que habla no se sienta agobiada o intimidada, sugerimos sentarse con una separación razonable de por medio. Conviene que den la impresión de un par de amigos sosteniendo una conversación. *Esto no es terapia.* El tema puede parecer extraño al principio, pero la meta es sentirse cómodo y respetado al hablar sobre la pérdida. Sugerimos que mientras escuchas a tu compañero te visualices como un *corazón con oídos.*

HACER TRES COMPROMISOS

Para que el proceso de recuperación funcione debes estar dispuesto a asumir estos compromisos:

1. *Honestidad absoluta* (tanto para compañeros como para quienes trabajan solos). Nos referimos a que debes ser tan honesto como puedas acerca de las pérdidas sufridas en tu vida y tus emociones en relación con ellas. Tu habilidad de ver los hechos claramente y decir la verdad, mejorará conforme continúes trabajando en este programa. Honestidad absoluta significa *decir tu verdad*, no la de nadie más. No caigas en la trampa de hablar sobre otra persona. La única verdad que puedes decir es la tuya. Cuando se trata de otros, sólo estás especulando.

De ninguna manera consideramos que seas una persona deshonesta. Puede haber algunas cosas que no estés dispuesto a decir a un compañero. Los hechos y detalles de un acontecimiento en particular pueden ser muy difíciles de revelar. No te preocupes. Es más importante que digas la verdad sobre tu respuesta emocional a los acontecimientos. Por supuesto que quienes están trabajando solos deben ser totalmente honestos consigo mismos.

2. *Confidencialidad absoluta* (para compañeros). Durante el transcurso del trabajo que van a hacer hablarán de circunstancias y sucesos dolorosos de sus vidas. Confidencialidad absoluta significa que toda la información personal que tu compañero haya revelado, irá contigo hasta la tumba sin ser divulgada. Confidencialidad absoluta significa que confías en que la otra persona hará lo mismo. Significa que nunca deberás traicionar la confianza de tu compañero.

3. *Originalidad e individualidad* (para compañeros y para quienes trabajan solos). El tercer compromiso que debes hacer es respetar la originalidad e individualidad de la recuperación de cada persona. Como cada relación es original y única, también lo es cada parte de comunicación sobre la recuperación. Ya que cada persona trae consigo al proceso de recuperación una serie única de creencias, es muy importante que no las compares, ya que hacerlo con frecuencia lleva a minimizar o sobrestimar, pero no a la verdad. La única opinión que importa sobre tus creencias y recuperación es la tuya. La confianza en tu compañero y en tu propio alivio dependen de que cada uno de ustedes sean capaces de comunicar sus pensamientos y emociones sin ser interrumpido, analizado, criticado o juzgado.

Aun si estás trabajando solo o con un compañero, es esencial que apoyes tu propia recuperación comprometiéndote seriamente a seguir los pasos recomendados por este programa y completar a tiempo todas las actividades asignadas.

Compañeros: Estos tres compromisos son muy importantes. Es importante que ambos compañeros se aseguren de verbalizarlos, reconociendo y valorando lo que se ha comunicado.

Para quienes trabajan solos: Sólo tienes que comprometerte al primer punto y es muy importante que lo tomes seriamente. Te recomendamos que consideres detenidamente el tercer compromiso, especialmente la parte sobre no criticarte o juzgarte a ti mismo.

PRIMERA TAREA

Tanto los compañeros como quienes trabajan solos deben leer y releer los primeros seis capítulos de este manual. Subraya las frases que te afecten y haz las notas que creas necesarias. Fíjate en las ideas y situaciones con las que te identificas.

Aquí está la lista de los mitos que John y Russell aprendieron sobre cómo hacer frente a una pérdida:

1. No te sientas mal.
2. Reemplaza tu pérdida.
3. Sufre solo.
4. Dale tiempo.
5. Sé fuerte por los demás.
6. Mantente ocupado.

Que no te sorprenda si te identificas con la mayoría o la totalidad de estos mitos. En nuestra sociedad es muy común haber crecido exactamente con estas creencias.

Toma una hoja de papel en blanco y anota las ideas de la lista anterior con las que te identificas. Escribe también otras ideas sobre la pena que te fueron enseñadas o has observado en quienes te rodean. Esta lista empezará a personalizar tu recuperación.

A continuación, revisa la siguiente lista de dichos. Pregúntate cuántas de estas ideas has escuchado y llegado a creer. No sería raro que todas te parezcan familiares. Estas creencias sobre el dolor son muy comunes en nuestra sociedad. Agrega otros comentarios que has escuchado en relación con las pérdidas emocionales.

"Contrólate"

"No te puedes dejar ir"

"Mantén las apariencias"

"Haz de tripas corazón"

"Sabemos cómo te sientes"

"Compartimos tu dolor"

"Da gracias a Dios de que tienes otros hijos"

"Los vivos deben seguir viviendo"

"Ya está en el cielo"

"Está descansando"

"Todo en esta vida tiene un final"

"Tuvo una vida plena"

"Encontrarás a alguien más"

"Dios jamás te daría más de lo que puedes soportar"

"Da las gracias por haberle tenido tanto tiempo"

"No debes enojarte con Dios"

Esta lista representa muchos de los conceptos, creencias e ideas que has tratado de usar al enfrentar diversas pérdidas a lo largo de tu vida.

Aunque la lista parece larga, rara vez encontramos a alguien que no pueda añadir varios comentarios más. Por favor, no vayas a pensar que esto es una forma de criticar a tu familia, iglesia, amigos o sociedad. Es primordial que identifiques las ideas que utilizas al tratar con tus pérdidas para ver si han ayudado o limitando tu recuperación. Sé detallado. En la medida que puedas descubrir tu verdad a través de este ejercicio, te será más fácil adoptar las nuevas ideas sobre la recuperación que te ofreceremos más adelante.

REVISAR PENSAMIENTOS Y RECUERDOS

Mencionamos algunas ideas falsas que limitan nuestra habilidad para tratar con un pesar efectivamente, entre ellas:

> "Contrólate"
>
> "No te puedes dejar ir"
>
> "Mantén las apariencias"
>
> "Haz de tripas corazón"

Debemos tener presente que el dolor emocional es la respuesta *normal y natural a una pérdida.* El pesar es una respuesta humana que nos permite saber que, por lo pronto, las cosas son diferentes a como eran antes de la pérdida. Los cuatro comentarios anteriores implican que hay algo *defectuoso o equivocado* en nosotros cuando reaccionamos normalmente a una pérdida. Sin embargo, es normal que nos sintamos abrumados cuando nos suceden hechos devastadores. Es normal sentirnos desorientados, aturdidos, confundidos y frustrados cuando una pérdida impacta nuestra vida. Es común oír que alguien, en respuesta a la emoción o reaccionando ante una pérdida, tuvo una crisis nerviosa o perdió el control. Es lamentable que esas ideas y vocabulario mal usados hayan afectado negativamente lo que creemos en relación con la pérdida.

SEGUNDA REUNIÓN

Los compañeros deben comenzar la reunión reiterando su compromiso de honestidad total, confidencialidad absoluta y respeto a la originalidad e individualidad del proceso de recuperación de cada persona. Como siempre, conviene que la reunión se celebre en un lugar que ofrezca comodidad y seguridad, en caso de llorar. Asimismo, conviene tener pañuelos desechables a mano.

Esta reunión es la primera oportunidad real para determinar qué ideas usan al enfrentar pérdidas en sus vidas. En esta reunión tendrás la oportunidad única de hablar en general del dolor y las pérdidas así como discutir los mitos que has creído. Las siguientes reuniones serán más específicas, al acercarte a la recuperación completando tu trabajo.

Hay tres posibles trampas en las que se puede caer. La primera es la tendencia a sostener un monólogo en vez de discutir. La segunda es volverse analítico, crítico o estar haciendo juicios. La tercera es sacar a relucir ideas religiosas, espirituales, intelectuales, terapéuticas o de programas de "Doce pasos". Aun cuando todos esos campos tienen un valor importante en la vida cotidiana, sus ideas son frecuentemente confusas al aplicarse al dolor emocional.

Los objetivos de este ejercicio son establecer que cada uno de ustedes tiene suficiente información equivocada sobre cómo enfrentar una pérdida y crear confianza. La confianza ayudará a que no se sientan aislados y aumentará la participación. Podrían sorprenderse sobre cuánto tienen en común con su compañero.

Cada uno leerá su lista de mitos por turnos. En ella estarán algunos o los seis mitos que John y Russell aprendieron cuando eran pequeños. Discutan el impacto de esos mitos en sus vidas.

Después, por turnos, leerán su lista de las otras ideas que muestran los conceptos y las creencias que hasta ahora han utilizado para enfrentar una pérdida. Dediquen algún tiempo para hablar sobre cómo se han afectado sus vidas.

Organicen su próxima reunión.

Para quienes trabajan solos

Dedica el tiempo preciso a releer los seis primeros capítulos de este manual. Revisa las listas que hiciste y compáralas con las del libro. Piensa cómo te han impactado y escribe tus notas de ello. Pregúntate honestamente: "¿Por qué estoy trabajando solo? ¿Será en parte por algunas de las ideas que aprendí sobre cómo hacer frente a sentimientos dolorosos?".

8

Identificar las Formas de Escape Temporal

La muerte de un ser querido, un divorcio y otras pérdidas producen una gran cantidad de energía emocional. Como desde niños nos enseñaron a enfrentar el dolor, la tristeza y las emociones negativas de una forma incorrecta, acabamos "almacenando" esa energía dentro de nosotros.

Una historia común ilustra este hecho: Una niña regresa triste de la escuela porque fue maltratada por sus compañeros durante el recreo. La madre, abuela o quien la cuida, le pregunta qué pasó. La niña, llorando, responde que otro niño la trató mal. La respuesta del adulto es: "No llores. Ven, cómete una galleta y te sentirás mejor". Así se siembra *la creencia de que la comida puede solucionar las emociones*. Puesto que este mensaje vino de una persona importante para la niña, tendrá impacto por el resto de su vida.

Después de comerse la galleta, la niña se siente *diferente*, no necesariamente mejor, y por el momento se distrae olvidando lo que pasó durante el recreo. Sin embargo, el dolor emocional por la pérdida ocasionada por ese acontecimiento no ha sido procesada. El hecho y las emociones que generó fueron sepultadas por la galleta, el azúcar y la distracción. Si la niña volviera a hablar del incidente más tarde, lo más probable es que le dijeran: "Olvídalo, eso ya pasó". Con esto se transmite el mensaje de que no debe seguir sintiendo emociones sobre ese hecho. Por lo tanto, debe ser sepultado.

Desde muy temprano aprendemos a tapar nuestras emociones comiendo. No es extraño que más tarde adoptemos ese mismo comportamiento con otras sustancias, como el alcohol o las drogas. Podríamos haberlo aprendido al ver a nuestros familiares consumir gran cantidad de comida y alcohol durante velorios o funerales, como es costumbre en algunas culturas. Ingerir alimentos o alcohol como respuesta a la energía emocional creada por una muerte o un divorcio, no nos ayuda a descubrir la fuente de esa energía ni entender y aliviar la relación emocional truncada. Por lo tanto, estamos participando en la *ilusión* de que el alivio temporal ofrecido por los alimentos y el alcohol nos podría dar un efecto a largo plazo.

Tanto los alimentos como las bebidas alcohólicas son formas típicas de escape temporal ante una pérdida emocional. Existen otros comportamientos de este tipo que tienen también consecuencias negativas en la persona, además de limitar su capacidad de vivir feliz y plenamente. A continuación tenemos una lista de comportamientos que si son practicados por las razones equivocadas, pueden tener un efecto negativo en quienes han sufrido una pérdida emocional:

- Alimentos
- Alcohol o drogas
- Enojo
- Ejercicio
- Fantasear (películas, televisión, libros)
- Aislamiento
- Sexo
- Comprar (irónicamente llamado "terapia de compras")
- Trabajar en exceso

Muchas de estas acciones no son dañinas por sí mismas. Se convierten en peligrosas cuando te entregas a ellas por las razones equivocadas. De la misma forma que comer una galleta no soluciona el dolor emocional por la pérdida, ir de compras no dará alivio a largo plazo a tu dolor. De hecho, puede tener el efecto contrario, puesto que a la compra desmedida le sigue el remordimiento de haber gastado tanto dinero. Esto es una distracción más del hecho real y original: el dolor por una muerte, un divorcio u otra pérdida.

Si bien algunas Formas de Escape Temporal son fáciles de identificar, otras no lo son tanto. El siguiente ejemplo muestra otra forma de escape más sutil y peligrosa.

Después de un fallecimiento no es raro que algunas personas visiten la tumba de su ser querido con frecuencia. Sienten que la muerte les quitó la oportunidad de sanar su relación emocional; por lo tanto, visitan a menudo el lugar que creen les permite estar más cerca del finado. Están buscando inconscientemente alivio de la pena ocasionada por no haber resuelto su relación en vida. El problema es que visitar la tumba no conduce a eliminar el dolor ni soluciona lo que quedó pendiente en la relación.

Al final de este capítulo tendrás la oportunidad de ver cómo algunas de tus propias actividades podrían haber sido formas indirectas para tratar de manejar las emociones ocasionadas por tu pérdida.

LAS FORMAS DE ESCAPE TEMPORAL NO FUNCIONAN

Imagínate una tetera llena de agua. Normalmente, conforme el agua se calienta y hierve, el vapor generado por el calor escapa por la salida. La mayoría de las teteras silban al alcanzar el punto de ebullición. Ahora, visualiza esa misma tetera llena de agua sobre el fuego encendido y con un tapón bloqueando la salida; la presión acumulada no puede salir por ningún lado. El tapón representa la información recibida a lo largo de nuestra vida, que nos lleva a pensar que no debemos hablar sobre emociones tristes, negativas o dolorosas.

Una tetera que funciona bien deja escapar vapor conforme éste se va acumulando. Cuando te dicen: "No te sientas mal" y "Si vas a llorar, mejor vete a tu cuarto", la energía se queda atrapada dentro de ti. Al pensar en este ejemplo de la tetera nos damos cuenta de que el mito sobre "el tiempo todo lo alivia" es de risa. El tiempo sólo lleva a la tetera a explotar.

Conforme la presión aumenta en nuestras teteras personales, buscamos alivio de forma automática. Es entonces cuando corremos el riesgo, para liberar esa energía, de empezar a participar en diversas Formas de Escape Temporal (FET), a las cuales nos referimos en el capítulo cuarto. Hay tres grandes problemas con las FET. El primero es que funcionan o, mejor dicho, *aparentan* funcionar. Crean la ilusión de que te sientes mejor al olvidar o "enterrar" tus emociones. El segundo problema es que son temporales. *No duran y no abordan* el verdadero problema emocional. Finalmente, las FET no hacen nada para eliminar el tapón que está atorado en la salida de la tetera. De hecho, mucha gente ni siquiera se da cuenta de que hay un tapón en ella.

Con el tiempo nuestra tetera se satura y las FET no pueden crear la ilusión de bienestar. Imagina lo que sucede si a esta colección de asuntos no resueltos le agregamos un divorcio, una muerte u otra pérdida mayor. La presión puede llegar a hacernos explotar.

Si bien algunas explosiones son extremas y llegan a ser titulares del periódico del día, la mayoría son mucho menores. Ahora una pregunta difícil: ¿Has tenido alguna vez una explosión más grande de lo que en realidad era adecuado? Tristemente sabemos que la mayoría responderá que sí. A través del tiempo desarrollamos el hábito de poner el tapón a nuestras emociones, dejándolas que hiervan y exploten. Embotellamos nuestras emociones porque nos enseñaron a hacerlo.

Las acciones que te llevarán a recuperarte de tu pena removerán el tapón. Entonces serás capaz de manejar efectivamente las emociones asociadas con una pérdida. Para lograr eliminar ese tapón veremos todas las creencias que lo generaron y las reemplazaremos con nuevas ideas sobre cómo manejar emociones dolorosas, tristes y negativas.

Una simple analogía: si tu jardín está lleno de hierba, puedes cortarla para reducir temporalmente el problema, pero sabes que volverá a crecer. Tienes otra opción, que es sacar la hierba de raíz, eliminando de verdad el problema. Estás llegando al punto en que deberás tomar una decisión: alivio temporal o de largo plazo. Queremos que te comprometas a buscar alivio a largo plazo. Contarás con nuestra guía y ayuda en el camino.

IDENTIFICAR TUS FORMAS DE ESCAPE TEMPORAL

Russell nunca bebió mucho. A pesar de que trabajó en restaurantes la mayor parte de su vida adulta, rara vez bebió y nunca se emborrachó. Después de su divorcio, iba al bar de un amigo a diario y se tomaba una o dos copas cada noche. La atmósfera del bar era amistosa, lo cual reforzó ese comportamiento. Después de tres meses de seguir cada noche este ritual, se dio cuenta de que en realidad no le ayudaba. Dejó de beber, pero en cuanto llegaba a casa por la noche, se ponía a leer novelas de misterio para evadirse. Sustituyó una forma de alivio temporal por otra. Este es un ejemplo clásico de una Forma de Escape Temporal.

SEGUNDA TAREA

La segunda tarea a realizar (tanto para compañeros como para quienes trabajan solos) es identificar las Formas de Escape Temporal que usaron o usan para evadir el dolor ocasionado por una pérdida.

Lee este capítulo una vez más y después trata de identificar por lo menos dos ejemplos de Formas de Escape Temporal que has utilizado para distraerte de tus emociones. No es tan fácil como parece. Esta puede ser tu primera oportunidad de demostrar que, verdaderamente, te comprometes a ser totalmente honesto.

Aquí está la lista de las formas de alivio temporal que presentamos algunas páginas atrás. Úsala como una guía que te ayudará a determinar si has dependido de alguna distracción temporalmente:

- Alimentos
- Alcohol o drogas
- Enojo
- Ejercicio
- Fantasear (películas, televisión, libros)
- Aislamiento
- Sexo
- Comprar (irónicamente llamado "terapia de compras")
- Trabajar en exceso

Toma una hoja de papel en blanco y escribe una lista de todas las maneras con que has tratado de evadirte. Después, agrega otras formas nuevas que hayas descubierto. En nuestra sociedad es muy común haber crecido con la idea de que debemos disfrazar o esconder nuestro dolor emocional, en vez de hacerle frente.

TERCERA REUNIÓN DE COMPAÑEROS

Comiencen la reunión reiterando su compromiso de honestidad total, confidencialidad absoluta y respeto a la originalidad e individualidad del proceso de recuperación de cada persona. Como siempre, la reunión debe celebrarse en un lugar que ofrezca comodidad y seguridad, en caso de que alguien llore. Tengan pañuelos desechables a la mano.

Las FET pueden ser un tema gracioso para hablar con tu compañero. Pero también pueden ser dolorosas e incómodas. Sé muy cuidadoso para no juzgar, criticar o evaluar a tu compañero o a ti mismo. Ten muy presente tu compromiso de confidencialidad absoluta. Para recuperarse es esencial decir la verdad y sentirse seguro.

Lee tu lista de las FET. Es importante recordar que si has participado en ellas no es porque haya un problema en tu naturaleza, sino porque es lo que te enseñaron.

Uno de los propósitos de este ejercicio es ayudarte a ver con claridad algunas cosas que hiciste de manera inconsciente. Sólo podrás cambiar algunas de esas costumbres que te han lastimado si puedes verlas claramente. Una vez que cada uno haya tomado su turno, acuerden el lugar y la fecha de la próxima reunión.

Para quienes trabajan solos

Lee este capítulo de nuevo. Examina tanto las formas generales como específicas en que usaste las FET para evadir el dolor de tu pérdida.

Otra pregunta incómoda: "¿Será que una de mis formas más frecuentadas de evasión es el *aislamiento*? ¿Será ésta otra razón por la que estoy trabajando solo?". Pudiera parecer que te estamos presionando. De hecho, lo que estamos haciendo es compartir contigo muchos años de experiencia. La mayor parte de quienes tienen dificultad en encontrar un compañero es porque en realidad no buscan uno: es muy grande su temor a ser rechazados por la persona que elijan. No te podemos decir que eso no sucederá, pero por favor reconsidera tu decisión de trabajar solo. No mencionaremos este tema de nuevo.

9

La Historia Gráfica de Pérdidas

Ahora que ya te diste cuenta de que los mitos, la intelectualización del dolor y las Formas de Escape Temporal no te han dado los beneficios a largo plazo que necesitas, es probable que empieces a sentirte estancado. Es posible que comiences a "actuar como si estuvieras recuperado". A decir "estoy bien", cuando en realidad lo que quieres decir es "estoy sufriendo". Permanecer en este estado es peligroso.

Si hubiera alguna forma mágica para eliminar tu dolor, lo usaríamos con gusto. Pero como no es posible, haremos lo que está a nuestro alcance: te enseñaremos cómo procesar y concluir con el dolor ocasionado por tus pérdidas.

La Historia Gráfica de Pérdidas se diseñó para ayudarte a reconocer las pérdidas que han ocurrido en la vida e identificar las que más limitan tu presente. Al principio podrá parecer extraño que te pidamos identifiques las pérdidas que has tenido a lo largo de tu vida. Después de todo, ¿no se supone que sabes cuáles son? Lamentablemente muchas personas aprendieron desde la juventud a comparar sus pérdidas y minimizar sus emociones. Por lo tanto, podrían no ser conscientes de lo que sienten sobre hechos ocurridos hace tiempo, pero que continúan afectando sus vidas.

COMPARAR Y MINIMIZAR

Quizás oíste la frase "lamenté no tener zapatos hasta que conocí a una persona que no tenía pies". Claramente, el objetivo de esta frase es que la gente agradezca lo que tiene, en vez de lamentarse por lo que no tiene. Aun cuando esta es una cualidad admirable, con frecuencia se malinterpreta terminando en: "Compara tus pérdidas para minimizar tus emociones".

Russell recuerda una cena en la que compartió la mesa al lado de dos amigas. El esposo de una de ellas había muerto de cáncer hacía algunos meses. La otra mujer estaba pasando por un doloroso divorcio. Russell le preguntó cómo iba. Ella susurró: "Terriblemente, pero no puedo sentirme mal por mi divorcio porque el esposo de mi amiga murió". Con este ejemplo se demuestra que comparar puede llevar a minimizar.

EJEMPLOS DE HISTORIAS GRÁFICAS DE PÉRDIDAS

Una vez que establecemos un hábito, lo utilizamos inconscientemente. Nuestras vidas están formadas de muchos hábitos. Probablemente, durante toda tu vida te has puesto un mismo zapato antes que el otro sin darte cuenta. Esto también se aplica a la manera en que manejas las pérdidas que sufres en tu vida, por lo cual la Historia Gráfica de Pérdidas es muy importante. Para poder cambiar nuestro patrón de comportamiento primero necesitamos conocerlo.

El principal propósito de este ejercicio es crear un examen detallado de tus pérdidas e identificar tus patrones. Existen más razones para hacer la Historia Gráfica de Pérdidas. Una es poner todo sobre la mesa, donde podemos verlo claramente. Así, las pérdidas disfrazadas, sepultadas u olvidadas, pueden extender el dolor y la frustración asociados con la pena no resuelta. Otra razón es practicar la honestidad total. Frecuentemente podemos ser deshonestos sin llegar a mentir. O sea que omitimos hechos o ideas, creando una imagen irreal. Un beneficio adicional de este ejercicio es observar qué Formas de Escape Temporal usamos ante las pérdidas.

Todos vamos a tener más pérdidas en un futuro y no deseamos seguir cayendo en viejas trampas. Como le dijo el viejo montañista a uno joven: "Si no quieres caer en trampas para osos, una idea buena es que sepas cómo se ven para que puedas distinguirlas". Para que aprendas a hacer tu Historia Gráfica de Pérdidas, te mostraremos las nuestras a continuación.

John W. James
Nació el 16 de febrero de 1944

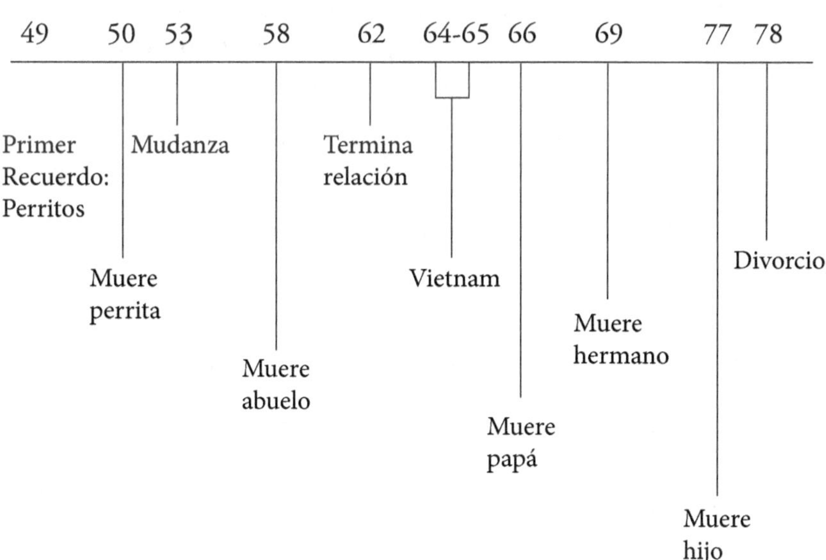

1949. Nacen los cachorritos. Como punto de partida, te contaré sobre el primer recuerdo (P. R.) que tengo. Es el día que nuestra perra parió a sus cachorritos en casa. Ya muy tarde, una noche, mi padre nos despertó a mi hermano y a mí. Nos llevó a la cama de la perrita, donde ella normalmente amistosa, se veía un poco asustada. Mi padre nos acercó a la cama y vi tres o cuatro bultitos cerca de ella. Pronto empezó a quejarse y moverse. Pensé que tenía dolor y quise ayudarla. Mi padre nos dijo que nos mantuviéramos alejados de ella, ya que tenía problemas para dar a luz a otro cachorro. Cuando mi padre dijo eso, entendí qué eran los bultitos. Me sentí feliz, asustado, orgulloso y confundido, todo al mismo tiempo. Finalmente, mi padre tuvo que ayudarla con los tres últimos.

Inmediatamente, mi hermano y yo queríamos abrazar y acariciar a los perritos, pero nos dijeron que lo más probable era que a la perra eso no le gustara. Regresamos a nuestro cuarto. No pudimos dormir y pasamos la mitad de la noche hablando sobre este suceso maravilloso. Pasamos las siguientes dos semanas atendiendo a la perra y esperando a que los cachorritos abrieran los ojos.

Este es el primer recuerdo de mi vida. No tengo memoria de nada anterior.

1950. Muere mi perra. Como conté en el tercer capítulo.

1953. Mudanza. Era la primera vez que nos cambiábamos de casa. Una mudanza es siempre una pérdida mayor para los niños. Mis padres me explicaron todas las razones intelectuales por las que nos estábamos cambiando: viviríamos en una zona y casa mejores. Esa casa estaba más cerca de la escuela y sería nuestra, en vez de pagar una renta. Todo eso no me hizo sentir mejor. Iba a extrañar a mis amigos.

1958. Muere mi abuelo. Como conté en el capítulo tercero.

1962. Termina una relación. Mi novia y yo terminamos nuestra relación, como conté en el tercer capítulo.

1964 y 1965. Guerra de Vietnam. La forma en que nuestra sociedad trató a los veteranos de la guerra de Vietnam reforzó la experiencia de pérdida de confianza. Socialmente hemos pagado, y seguimos pagando, un precio muy caro por esto. Durante los años de la guerra sufrimos la muerte en combate de más de 58,000 personas. En los años posteriores se suicidaron más del triple de ese número y hemos lamentado profundamente su pérdida.

1966. Muere mi padre. Lo vi solamente una vez desde mi regreso a los Estados Unidos; había muchos asuntos pendientes en nuestra relación. Él siguió bebiendo hasta que el alcohol terminó con su vida. Fue una experiencia muy dolorosa para mí.

1969. Muere mi hermano. Mi hermano más pequeño, que estudiaba en la Universidad del Sur de Illinois y practicaba el salto de garrocha, estaba en perfecto estado de salud cuando murió a los 20 años. Venía a visitarme a California, donde yo vivía. Estaba viajando con dos amigos de la universidad; se detuvieron en el camino a pasar la noche y decidieron dormir un rato. Al atardecer, cuando sus amigos fueron a despertarlo, lo encontraron muerto. Pasé días buscando una razón intelectual para explicarme su muerte. Al no encontrarla, culpé a Dios.

1977. Muere mi hijo. Dos años antes, mi esposa y yo tuvimos una hija. Su nacimiento fue el momento más importante de mi vida. Cuando mi esposa volvió a quedar embarazada, me entusiasmé ante la posibilidad de otra experiencia tan maravillosa. Las complicaciones se presentaron cerca del quinto mes de embarazo. Mi esposa empezó a tener dolores de parto prematuros y nos fuimos al hospital inmediatamente. Emplearon todas las técnicas posibles para tratar de detener o retrasar el proceso. Fue conectada a todo tipo de equipos y durante dos días escuchamos los latidos de un corazón perfectamente sano, aunque había muy pocas posibilidades de que nuestro bebé viviera.

A lo largo de mi vida aprendí a creer ciertas cosas sobre lo que era mi función como hombre, esposo y padre. Aprendí a creer que mi trabajo consistía en identificar problemas y resolverlos. Lo que descubrí en ese momento es que no importaba a quién conocía, qué sabía, cuánto dinero tenía o lo inteligente que era. No podía hacer nada. Fue la experiencia más frustrante de mi vida.

A pesar de todos los esfuerzos de los doctores, nuestro hijo nació prematuramente. Todo parecía ir bien en las primeras ocho horas. Después, las cosas empeoraron. Una vez más, identificar el problema fue sencillo. Podía ver el problema: pesaba sólo novecientos gramos, tenía pelo negro y estaba encerrado en una caja de cristal. Pero no había nada que pudiera hacer, además de estar parado frente a la incubadora, mirándolo a él y a todo el equipo, sintiéndome impotente.

Y así seguí dos días. Estaba tratando de ayudar a mi esposa, porque aprendí que eso debería hacer. No hay nada malo en ello, excepto que al tratar de ayudarla no estaba reconociendo mi propio dolor. Al final del segundo día, mi hijo exhaló para no volver a respirar.

No sé si puedes creerlo, pero todo empezó a irse a pique a partir de ahí. Las cosas que todos dijeron e hicieron fueron impactantes. Se hizo notorio que mi esposa y yo no podíamos hablar. Nuestra relación empezó a desintegrarse inmediatamente. Durante los ocho meses siguientes fui a todas partes, hablé con todo el mundo y leí todo lo que pude encontrar para tratar de aliviar mi pena. Este fue el momento en que descubrí que había muy poca ayuda, casi ninguna, para quienes hacen frente a un duelo. Era realmente desesperante.

1978. Divorcio. Mi esposa y yo nos divorciamos. Sucedió porque no supimos cómo manejar el dolor ocasionado por tantos cambios en nuestras vidas. Éramos recién casados, nuevos padres y nuevos dolientes, todo a la vez. La muerte de nuestro hijo fue la gota que derramó el vaso.

Como resultado del dolor, mi mente estaba ocupada con pensamientos de lo que quería que hubiera sido *diferente, mejor o más abundante.* Si no hubiera estado tan preocupado con los gastos médicos, mi esposa podría haber ido a revisiones médicas con más frecuencia. La noche que empezó la emergencia no teníamos niñera, ni tampoco una idea real de la gravedad del estado de mi esposa, por lo que no fui con ella al consultorio del doctor. Pensé mucho en lo asustada que debió estar. A pesar de todos los pensamientos que tenía, no contaba con ninguna habilidad ni práctica para hablar sobre las emociones que estaba sintiendo. Me sentía solo y abandonado; sin embargo, creía que debería ser fuerte y mantener mis emociones sólo para mí. Eso era lo que sabía; por lo tanto, lo que hacía. Con toda esa presión acumulándose, empezamos a discutir con gran frecuencia. Estas peleas tuvieron como resultado resentimientos, que a su vez trajeron más discusiones. Al mismo tiempo, mi esposa pensaba que si no se hubiera embarazada tan pronto, nada de esto hubiera pasado. Esa era su forma *diferente, mejor o más abundante.* Ella tampoco tenía ninguna idea sobre la importancia de hablar sobre sus emociones.

Cuando la comunicación se rompe en un matrimonio, no importa cuál sea la causa, es sólo cuestión de tiempo para que llegue el divorcio. Cuando esto ocurre tenemos una nueva experiencia dolorosa a la que hacerle frente. Así continúa el ciclo.

Cuando estaba escribiendo este libro llamé a mi ex esposa para preguntarle qué pensaba sobre esta parte de la historia. Ella dijo que por muchos años no supo lo mucho que la muerte de nuestro hijo me afectó. ¿Cómo podría haberse dado cuenta? Yo sabía fingir muy bien, era entonces un merecedor al "Óscar" a la recuperación.

Empezar a hacer una Historia Gráfica de Pérdidas tal vez te asuste un poco. Por lo tanto, antes de pedirte que hagas este ejercicio, queremos que veas otro ejemplo.

Esta es la Historia Gráfica de Pérdidas de Russell.

Russell Friedman
Nacido el 4 de enero de 1943

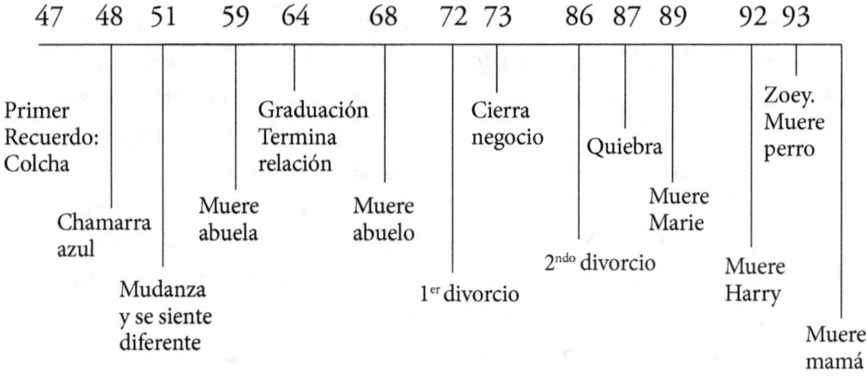

1947. Primer recuerdo. Mi primer recuerdo no es feliz, tampoco triste. Es simplemente la imagen de un cubrecama azul. Tenía figuras náuticas.

1948. La chamarra azul. Mi padre me llevó a un partido de básquetbol de los Rochester Royals. Allí me compró una chamarra de los Royals, que perdí poco después. Cuando mi padre supo que la había perdido me regañó. Recuerdo que pensé que ya no me podía sentir seguro con mi padre. Después de varios incidentes como este ya no pude tenerle confianza.

1951. Me siento diferente, además de una mudanza importante. Nací siendo alérgico a la leche, los huevos, las nueces y el chocolate. Esto trajo, como una de sus consecuencias, que necesitara alimentos especiales en la escuela. Me sentía muy diferente a los otros niños en mi clase. Además, ser muy pelirrojo y tener aproximadamente un millón y medio de pecas me hacían sentir diferente. Puede parecer simpático, pero no lo es cuando eres tú quien las tiene. Con frecuencia otros niños se burlaban de mí, a veces de forma cruel. No sabía cómo defenderme. Me sentía terriblemente distinto.

Vivíamos en Rochester, Nueva York, donde hace mucho frío y hay mucha humedad en invierno. Sufría de asma. Los ataques eran tan agudos que mis padres recibieron el consejo de llevarme a un sitio cálido, ya fuera Arizona o Florida. Yo no quería dejar ni el vecindario, ni a los amigos a quienes ya me había acostumbrado. Traté de convencer a mis padres hablando de mis emociones: mis padres respondieron a mi súplica con explicaciones intelectuales sobre una escuela mejor, una casa más grande y un mejor trabajo para mi padre. Lo que dije acerca de mis sentimientos al dejar a mis amigos nunca fue tomado en cuenta.

Nos mudamos a Florida. Ahí surgió otro problema de salud que ha tenido consecuencias de por vida. Por tener la piel muy clara y ser pelirrojo, el calor intenso de Miami y sus rayos ultravioletas impactaron mi vida de inmediato. Me vi obligado a usar camisas en la alberca y a ponerme en la cara óxido de zinc para poder salir a jugar. Por el sol sufrí algunas quemaduras serias y comencé a temerle. Esto empezó a afectar mis actividades diarias y las relaciones con mis amigos. Para mí, la realidad era que mi pelo rojo, mi piel clara y mis pecas me hacían sentir muy diferente a los demás.

1957. Muere mi abuela. Mi abuela vivió con nosotros desde que mi madre volvió a trabajar. Mi abuela fue quien cuidó a mi hermano menor, quien es diez años más joven que yo. Durante esta experiencia aprendí a "ser fuerte por los demás".

1964. Rompimiento. Fue mi primer romance serio con planes de contraer matrimonio y tener hijos. Cuando todo se derrumbó, yo estaba destrozado. No tenía la menor idea de cómo enfrentar ese intenso dolor emocional. Estaba en el último año de la escuela. Falté a clases. Pasaba el tiempo mirando a la pared. Parecía un autómata.

1964. Graduación universitaria. Tradicionalmente las graduaciones son percibidas como experiencias positivas. Hay parte de verdad en eso. Yo me sentía dividido entre la excitación y libertad de la vida como adulto y la tristeza por dejar atrás cuatro años de gente y lugares que fueron tan familiares. Nadie quería escuchar ni reconocer la parte triste.

1968. Mi abuelo murió. No lo quería especialmente. Su carácter era brusco y le tenía miedo. Aun cuando ya crecí, su forma de ser me parecía amenazante. Cuando murió, él y mi padre no tenían una buena relación; traté de "ser fuerte" para ayudarlo.

1972. Primer divorcio. Fue totalmente inesperado para mí. Jamás pensé que sucedería. Estaba destrozado, confundido, totalmente perdido. La única herramienta que tenía para usar ante una pérdida era "ser fuerte por los demás". Pero ahora no se trataba de los demás, se trataba de mí. Considerando cómo me sentía entonces, me sorprende estar vivo todavía. No sé cómo pude conducir sin matarme accidentalmente, o matar a alguien. Era prácticamente imposible concentrarme. Sabía que esta no era una pérdida simple. Tenía la sensación de que además de la pérdida del matrimonio, estaba haciendo frente a la pérdida de todas mis esperanzas, sueños y expectativas, además de una "pérdida de confianza" masiva. Ya que tener confianza había sido siempre uno de mis mayores problemas, este divorcio, y el modo como sucedió, arrasó con la poca confianza que me quedaba.

1973. Cierre del negocio. Cuando mi esposa y yo nos divorciamos, me quedé con el restaurante que iniciamos juntos. Estaba preocupado por las emociones que el divorcio causó. No sabía cómo manejar esas sensaciones dolorosas. Hasta entonces había sido un hombre de negocios bastante alerta, pero ahora mi concentración se había reducido drásticamente. Empecé a tomar malas decisiones de negocios que, a su vez, llevaron a otras peores. Acabé cerrando el negocio. Ya no tenía interés en él.

1986. Segundo divorcio. Fue muy diferente al primero. El dolor fue intenso. Además de la muerte de la relación, los sueños y las esperanzas, otro factor me atormentaba: tenía cuarenta y tres años. Mi idea de mí mismo, de mi vida y mi futuro era muy diferente de la que tenía cuando atravesé por mi primer divorcio. Tenía más años. Mi negocio estaba localizado en una zona donde había muchas personas de edad avanzada. Solía sentarme y mirar atentamente a las parejas mayores pensando: "¿Cuándo voy a poder estar con alguien para siempre?". Mis padres y los de mi esposa continuaban juntos. Dos matrimonios y estaba solo. Me sentía como un fracasado.

1987. Bancarrota. Tener un divorcio, y como consecuencia cerrar un negocio, no me prepararon para el segundo divorcio y la tragedia financiera que le siguió. De hecho, los acontecimientos iniciales fueron una predicción de los siguientes. Tenía experiencia en divorcios, entonces obtuve otro. Tenía experiencia en fracasar en los negocios, entonces lo hice de nuevo. En ninguno de los casos me había recuperado de las emociones causadas por esas pérdidas. La acumulación de emociones no resueltas creó una preocupación masiva, a partir de la cual tomé horribles decisiones de negocios, una detrás de la otra. Finalmente, no me quedó más alternativa que declararme en bancarrota. Al haber sido educado para ser el "proveedor", declararme en bancarrota me hizo sentir como el perdedor más grande del planeta.

1989. Muere Marie. Marie, la madre de mi novia, murió. Nos habíamos encariñado mucho. Me encantaba la forma en que me preguntaba cómo estaba, porque realmente escuchaba mi respuesta. Cuando Marie murió, ya trabajaba en el Instituto para la Superación del Dolor Emocional. Es más, ya había resuelto la pena ocasionada por mis pérdidas anteriores. Haber solucionado mis pérdidas pendientes permitió que ocurrieran dos cosas. Primero, estuve tan presente como me fue posible con Marie cuando ella estaba viva. Segundo, su muerte realmente me afectó. Haber sanado mis relaciones anteriores dejó que mi corazón estuviera abierto a otras nuevas. Tener el corazón abierto significa que los acontecimientos dolorosos nos lastimarán. Al mismo tiempo, esa apertura me ha permitido ser más amoroso. Siendo la tristeza la reacción normal y natural ante una pérdida, la muerte de Marie me dolió mucho.

1992. Muere Harry. Harry, el padre de mi novia, murió. Nos acercamos mucho emocionalmente después de la muerte de Marie, su esposa. Pasamos incontables horas en la sala de su casa o de la mía viendo toda clase de eventos deportivos por televisión. Él tenía ochenta y siete años de edad, pero su capacidad para analizar los detalles de cada deporte era maravillosamente aguda. También tenía gran cantidad de información sobre acontecimientos deportivos que sucedieron años atrás, incluso antes de que yo naciera. El tiempo con Harry era como una clase de historia que disfrutaba mucho. Por cosas del destino, Harry murió sólo unos días antes del Súper Bowl. El domingo del partido hubo un asiento vacío a mi lado. Muy vacío.

1993. Muere la perrita Zoey. Nuestra perrita pesaba 45 kilos, pero se comportaba como un perro faldero (si una perra de 45 kilos se quiere sentar en tu regazo, tú ni lo discutes con ella). Zoey era simpática y encantadora. Como en muchas relaciones con animales, mi relación con ella era incondicionalmente amorosa. Desde cachorrita había vivido con mi novia y su hija y cuando vine a vivir con ellas, Zoey me adoptó y me entrenó. Cuando empezó con un proceso canceroso, lo intentamos todo en vano. Después de que murió, cada noche cuando llegaba a casa, mi corazón se ensombrecía en cuanto la puerta del garaje empezaba a abrirse. Esos momentos, cuando recordaba que Zoey ya nunca me recibiría en la escalera, están entre los más dolorosos que he experimentado.

1993. Muere mamá. Un día antes del Día de Acción de Gracias, rápida e inesperadamente, mi madre murió. Déjame tratar de describir lo que sentí en los momentos que siguieron a la noticia de su muerte. Estaba llegando a mi oficina a las once de la mañana, después de jugar golf. Estaba entrando cuando mi asistente se levantó y me dijo: "Russell, tengo terribles noticias: tu madre ha muerto". Sentí como si hubiera recibido un golpe en el pecho con tanta fuerza como para derrumbarme. Mis rodillas se debilitaron y empecé a llorar. Al doblarse mis rodillas, mi asistente y un amigo me ayudaron a sostenerme. Caí en sus brazos, lloré y lloré.

¿QUÉ MARCAS EN LA HISTORIA GRÁFICA DE PÉRDIDAS?

Dado que la mayor parte de nosotros relacionamos las palabras *duelo* y *pérdida* con muerte, y quizás con divorcio, establezcamos ahora qué experiencias se incluyen bajo la definición de dolor emocional. Esta es la que usamos y nos parece la más clara: *el dolor emocional es el resultado de los sentimientos y emociones contradictorios que experimentamos cuando sucede un cambio en lo que era un patrón normal de comportamiento, o cuando ese comportamiento termina.* Por lo tanto, cualquier cambio en nuestra relación con personas, lugares o acontecimientos puede ocasionar las emociones conflictivas que llamamos pesar.

Mira cuántos otros acontecimientos caben en esta definición. Por ejemplo, una mudanza. Cuando nos mudamos de domicilio, cada uno de nuestros patrones normales de comportamiento puede cambiar. Todo varía: dónde vivimos, dónde trabajamos y a quiénes vemos regularmente. Cambios financieros drásticos, ya sean positivos o negativos, ocasionan modificaciones importantes en nuestros patrones de actividades normales. Cambios mayores en los estados de salud o en habilidades físicas pueden traer grandes consecuencias dolorosas. Perder una extremidad, la vista o tener una enfermedad seria, como diabetes o un problema grave en el riñón, alteran automáticamente los patrones familiares de vida. Embolias y ataques cardíacos a menudo afectan cómo y cuándo podemos hacer ejercicio, o qué debemos comer. La menopausia puede ocasionar una enorme sensación de pérdida a muchas mujeres y a sus parejas. Cuando nosotros somos los que pasamos por un divorcio, es obvio que lo notamos como la fuente de pena emocional. También nos afecta el divorcio de cualquier persona cercana a nosotros: padres, hijos, hermanos y otros.

Los problemas de maltrato infantil, físico, sexual o emocional, con frecuencia establecen patrones de comportamiento que sabotean los posibles intercambios positivos, ya que no resultan tan "familiares" como las interacciones negativas.

Existen muchas experiencias que caen dentro de nuestra definición de dolor emocional. Casi todo lo que te afecta negativamente es una experiencia que te ocasiona pesar. Al leer las historias gráficas de pérdidas de John y Russell te hiciste una idea de los acontecimientos que pueden ser considerados como una pérdida. De manera general, si piensas que algo te ocasionó dolor emocional, ponlo en tu gráfica. No es posible equivocarse en este ejercicio.

TERCERA TAREA: PREPARAR TU HISTORIA GRÁFICA DE PÉRDIDAS

¡Por fin estamos listos para empezar! Te daremos las instrucciones para este ejercicio tal y como lo hacemos en nuestros seminarios. Estas instrucciones son tanto para quienes trabajan con un compañero como solos.

1. El ejercicio completo no debe llevarte más de una hora. Es posible que experimentes una amplia gama de emociones como resultado de hacer tu Historia Gráfica de Pérdidas. Puede ser que tengas una respuesta emocional mínima, o bien ninguna. En cualquier caso, está bien. No te preocupes. Ten a la mano

una caja de pañuelos desechables. Si tienes una reacción emocional, acéptala de buena gana.

2. La parte escrita del ejercicio es sin palabras. Es mejor hacerla a solas y en silencio.

3. Toma un lápiz y una hoja de papel en blanco (por lo menos del tamaño de una cuartilla; si es oficio, mejor). Pon el papel horizontal en tu escritorio o en tu mesa.

4. Marca una línea recta a lo ancho de la página, por la mitad de la hoja. Después, divide la línea en cuatro partes iguales, marcando las secciones ligeramente con un lápiz. Esto te dará puntos de referencia para apuntar fechas.

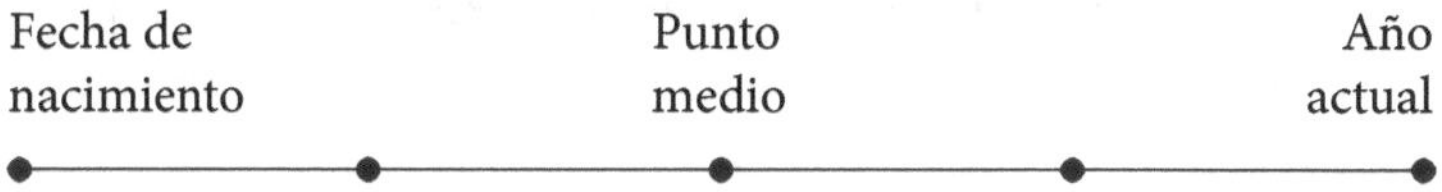

Fecha de nacimiento — Punto medio — Año actual

●————●————●————●————●

5. Por ejemplo, si ahora tienes cincuenta años, en el punto medio tenías veinticinco. En el extremo izquierdo de la línea anota el año de tu nacimiento. En seguida, marca el primer recuerdo que tengas, sin importar si lo consideraste como una pérdida o no. Esta marca irá después del año en que naciste.

6. Nuestros ejemplos empezaron con nuestro primer recuerdo. Al concentrarte, te darás cuenta de que tu primer recuerdo data, probablemente, de cuando tenías entre dos y cinco años de edad. Quizás más cerca de los cinco. Puede que sea algo bueno o malo, triste o agradable; un acontecimiento, una

experiencia, una persona o un lugar. Una de las formas más efectivas de establecer cuál es tu primer recuerdo es recordar algo acerca de tu primera casa. No pases mucho tiempo tratando de rescatar este recuerdo. Es simplemente un punto de partida.

7. No necesitas ser exacto en las fechas. Estamos mucho más interesados en tus reacciones emocionales ante las pérdidas.
8. Ahora detente un momento y pregúntate: "¿Cuál es la pérdida más dolorosa que he tenido y que más ha afectado mi vida?"

TIEMPO E INTENSIDAD

Todas las pérdidas son sentidas al cien por ciento cuando ocurren. Una vez que reflexionamos nos damos cuenta de que algunas pérdidas tuvieron un impacto mayor que otras. Nos referimos al hecho de que las relaciones están compuestas de tiempo e intensidad. A continuación aclararemos lo que queremos decir.

Durante diez años, Russell fue a la misma tintorería dos veces por semana. En todo ese tiempo, la misma mujer recibió sus camisas y su dinero. Él no sabía su nombre, por lo cual se refería a ella como "la señora". Un día, cuando Russell fue a recoger sus camisas fue atendido por un hombre. Russell pregunto: "¿Dónde está la señora?". "Murió", respondió el hombre. Russell se sintió triste a pesar de que ni siquiera sabía su nombre ni nada acerca de ella. La relación tuvo una duración larga, pero casi nada de intensidad.

En 1964, Russell se comprometió a casarse con una muchacha. Esta apasionada relación duró solamente tres meses. Cuando todo se terminó, no fue en términos amistosos. Él no volvió a hablar con ella. Treinta y dos años después, Russell recibió una llamada de un amigo diciéndole que ella había muerto.

Esta noticia le impactó fuertemente. Si bien la relación fue corta, tuvo una intensidad emocional tremenda.

1. Identifica tu pérdida más dolorosa. Encuentra el punto aproximado para esa fecha en la línea horizontal y traza una línea vertical hacia la parte inferior de la hoja. Haz una nota de cuál fue la pérdida: “Mamá murió”, “Mi hijo murió”, “Divorcio”. No tienes que pasar mucho tiempo escribiendo con detalle una larga descripción por cada dolor emocional, como hicimos en nuestros ejemplos. Simplemente anota las frases o palabras que te recordarán cuál es la pérdida.

2. Después de establecer y marcar tu pérdida más dolorosa, deja que tus recuerdos más antiguos surjan y empieza a marcar las pérdidas que recuerdes. Usa el trazo largo de la línea vertical como indicador de la intensidad de la pérdida. Siempre haz notas cortas que te ayuden a recordar lo que pasó: “Perrito murió” o “Pérdida del negocio”, por ejemplo.

A veces podrás darte cuenta de que tienes respuestas positivas y negativas ante la misma experiencia. Esto es totalmente normal. Para muchas personas, el día de su boda es simultáneamente el más emocionante de sus vidas y también el día en que “pierden su libertad”. Si bien el nacimiento de un hijo es un momento estimulante, también se puede sentir terror al adquirir nuevas responsabilidades. El propósito de este ejercicio es concentrarnos en los aspectos tristes, negativos o dolorosos de estos acontecimientos. Tratando de evadir el dolor, muchas personas tratarán de concentrase en el aspecto positivo. Esa es una de las razones por las que estás usando este manual, por lo cual te queremos pedir que te enfoques en la pena por lo que perdiste, aunque te resulte incómodo.

Si te das cuenta de que ha pasado media hora y lo único que has marcado en tu gráfica es tu primer recuerdo, lo mejor es que tomes un pequeño descanso. A veces nos concentramos con tanta intensidad que sin querer nos bloqueamos a nosotros mismos. Mira de nuevo las gráficas de John y Russell, te recordarán algunas de tus pérdidas.

Es natural que sientas un grado de resistencia al hacer este ejercicio. Recuerda que perseverar te traerá buenos resultados. Nuestra experiencia nos ha demostrado que todas las personas de más de catorce años de edad tienen cuando menos cinco acontecimientos que marcar en su gráfica de pérdidas. Entre adultos, el promedio es de diez a quince.

No trates de "hacerlo bien". Simplemente sé honesto contigo mismo. No hay ninguna calificación que obtener y tu historia gráfica no tiene que ser aprobada por nadie. Déjate llevar por este ejercicio. Tus beneficios serán proporcionales a la energía que inviertas en él. ¡Empieza tu Historia Gráfica de Pérdidas ahora mismo!

APRENDE DE TU HISTORIA GRÁFICA DE PÉRDIDAS

¡Felicidades por haber hecho tu Historia Gráfica de Pérdidas! Tener la historia de tu vida ante ti puede ser una experiencia que te abra los ojos. Es necesario que analices tus pérdidas para descubrir qué información aprendiste de forma directa e indirecta. Es igualmente importante que no te juzgues, evalúes o critiques por lo que te enseñaron, o por interpretaciones que hayas podido hacer.

Tu principal compromiso es ser amable contigo mismo ante los descubrimientos que hagas. Puede también ser muy útil suspender cualquier crítica o juicio contra aquellos que te enseñaron ideas incorrectas. No te preocupes, más adelante tendrás varias oportunidades de aliviar las emociones y los pensamientos que puedas tener en relación con esa fuente de información equivocada.

Ahora que terminaste la gráfica, la analizaremos y veremos lo que puedes aprender de ella. A partir de tu primer recuerdo, es probable que puedas ver claramente algunas de las ideas que te influyeron al creerlas. Quienes trabajan con un compañero verán muy pronto cuántas similitudes hay entre la gente que sufre una pena. En nuestros seminarios y programas de alcance comunitario, la gente se asombra de cuánto tienen en común cuando se trata de las pérdidas y tus actitudes ante ellas. A pesar de que existen muchas semejanzas, todos somos diferentes. Los científicos nos dicen que no hay dos copos de nieve, cristal o granos de sal iguales, pero que sí están hechas de los mismos ingredientes. Cada uno de nosotros es también único. Este ejercicio ayuda a mostrar nuestras similitudes y nuestras diferencias.

Quienes trabajan solos podrán notar que algunas de sus pérdidas y actitudes son similares a las de John y Russell.

CUARTA REUNIÓN

Empiecen por reiterar su compromiso de honestidad total, confidencialidad absoluta y respeto a la originalidad e individualidad del proceso de recuperación de cada persona. Como siempre, la reunión debe celebrarse en un lugar que ofrezca comodidad y seguridad, por si alguno llora. Tengan pañuelos desechables a la mano.

A partir de esta reunión habrá cambios en los procedimientos que seguirás durante la propia reunión. Aplicarás estas nuevas instrucciones en todas las reuniones futuras, hasta el final del programa. Léelas con cuidado. Recuperarte con éxito depende de que sigas estas instrucciones.

Trabajar con un compañero trae beneficios. Uno de ellos es la habilidad de verbalizar lo que has escrito. Para que este ejercicio te proporcione el máximo de beneficio, te daremos algunas instrucciones muy precisas, que hemos desarrollado a lo largo de más de veinte años de experiencia. Sugerimos que las sigas al pie de la letra.

Asegúrense de llevar a la reunión la Historia Gráfica de Pérdidas y las dos listas discutidas anteriormente: la de información equivocada y la de Formas de Escape Temporal (FET).

Instrucciones para quien escucha

1. Siéntate a una distancia razonable. Evita la sensación de estar demasiado cerca de tu compañero, o de no darle suficiente espacio.
2. Como tu papel es escuchar, puedes reír o llorar si te parece oportuno, *pero no puedes hablar.*
3. No toques a tu compañero. Normalmente el contacto detiene las emociones.
4. Recuerda la imagen: eres un corazón con oídos. Esfuérzate por permanecer en el presente y escuchar la historia de tu compañero.

Instrucciones para quien habla

1. Trata de contar tu Historia Gráfica de Pérdidas en un máximo de media hora. No es una regla rígida, pero ten cuidado de no convertir la reunión en un largo monólogo, ya que no te traería ningún beneficio.
2. Si lloras, trata de continuar hablando. Empuja las palabras hacia afuera, déjalas salir en vez de tragártelas. La gente tiende a enterrar o ahogar emociones en sus gargantas.

3. Cuando termines tu historia, pide a tu compañero que te dé un abrazo (suponiendo que a ambos les parezca aceptable hacerlo).

4. Después del abrazo, tómate unos minutos para hablar de nuevo sobre la información equivocada que aprendiste a través de tus pérdidas, al igual que de las Formas de Escape Temporal en las que participaste. Esta es la oportunidad ideal para ver la conexión entre tus creencias y el modo en que pueden haber limitado tu recuperación.

Después, hagan una pequeña pausa y a continuación inviertan los papeles. Es el turno de tu compañero para que haga este ejercicio con su Historia Gráfica de Pérdidas.

Finalmente, fijen la cita de su próxima reunión.

Instrucciones para quienes trabajan solos

Tal vez te sea útil emplear las gráficas de John y Russell como tu compañero silencioso. Obsérvalas nuevamente. Luego, vuelve a analizar la tuya. Date cuenta de las similitudes y las diferencias. Una vez más, revisa tus Formas de Escape Temporal (FET). Trata de encontrar si hay alguna conexión entre tus Formas de Escape Temporal y tus pérdidas. Analiza tu lista de mitos y creencias, tratando de encontrar si de alguna forma tienen una conexión con las pérdidas que aparecen en tu gráfica.

TERCERA PARTE

Encontrando la Solución

¡Bienvenido a la tercera parte de este manual! La solución está basada en cinco acciones que debes tomar para superar el dolor ocasionado por una pérdida emocional importante. Las acciones que siguen requerirán que mantengas una mentalidad abierta, determinación y valor. Estas acciones y sus significados son:

1. Comprender con claridad que existe una relación emocional que debe ser aliviada.

2. Aceptar la responsabilidad de que tú eres, en parte, causante de que esa relación esté sin resolver.

3. Identificar tus mensajes de recuperación que hasta ahora no has comunicado.

4. Emprender acciones para comunicar esos mensajes.

5. Dejar atrás la pena diciendo adiós a los mensajes no comunicados y al dolor.

10

¿Qué es un Dolor Emocional No Resuelto?

A través de este libro nos hemos referido a las cosas que hacemos en nuestros seminarios. Muchos de los ejercicios se pueden comunicar apropiadamente en un libro, pero hay algunos puntos que requieren explicaciones más detalladas. Uno de ellos es cómo entender exactamente en qué consiste un dolor emocional no resuelto o no solucionado.

En nuestros seminarios para dolientes, de tres días, podemos ilustrar este concepto haciendo algunas preguntas. El segundo día, preguntamos si alguien ha tenido pensamientos o emociones positivas hacia otro de los participantes. Cuando la respuesta es sí, preguntamos cuál es esa idea positiva. Normalmente es algo como: "Admiro su valor" o "Me gusta su franqueza". Después, preguntamos "¿Se lo dijiste?". La persona responde que no. Entonces preguntamos: "¿Qué pasaría si esa persona muriera antes de que se lo dijeras?". ¿Quién se quedaría con algo pendiente por decir? La persona responde: "Yo". Por lo que cuestionamos: "Si en sólo un día hay cosas pendientes entre un extraño y tú, ¿te imaginas todo lo que has acumulado a lo largo de tu vida en tus relaciones familiares, con tus amigos y otras personas?". Esto no se limita a acontecimientos mayores. La acumulación de comunicaciones no expresadas, grandes y pequeñas, es lo que tiene un valor emocional para nosotros. Hasta donde sabemos, sólo los vivos sufren por quienes han muerto. Es esencial que sanemos los aspectos pendientes de nuestras relaciones.

A veces esta falta de resolución es ocasionada por nuestras acciones o por su ausencia. Otras veces es por causas ajenas a nuestro control. Esta triste historia ilustra emociones pendientes debido a las circunstancias.

Un niño pequeño salió corriendo de su casa hacia el autobús escolar, que lo esperaba en la calle. Cuando él corría, su madre le gritó desde el garaje: "Timmy, ponte bien la camisa, ¿qué pensarán los vecinos?". Varias horas más tarde, la policía acudió a la casa de esa madre. Su hijo, Timmy, había muerto en un extraño accidente en el patio de la escuela.

Además del gran dolor que la madre estaba sufriendo, ¿qué comunicación creen que desearía que hubiera sido distinta? Esto no implica que sienta menos dolor. Lo que estamos sugiriendo es que sus últimos comentarios a su hijo definitivamente entran en la categoría de cosas que quisiéramos hubieran sido *diferentes, mejores o más abundantes. Rara vez sabemos cuál será nuestra última interacción con alguien.* No es raro que en nuestras relaciones guardemos algunos temas para hablar después. Esto no es necesariamente falta de decisión, simplemente es algo que pensamos hacer en un momento más adecuado. Pero después de un fallecimiento o un divorcio, esos mensajes pospuestos serán comúnmente los ingredientes que nos ocasionarán dolor al dejar asuntos pendientes.

Sabemos que ante un fallecimiento o un divorcio suelen quedar muchas emociones por resolver, pero ¿qué pasa con otros sucesos? Con frecuencia analizamos las relaciones difíciles que tenemos con algunas personas que aún están vivas, padres, hermanos y otros, y reconocemos muchas cosas que quisiéramos hubieran sido *diferentes, mejores o más abundantes*. La mayoría de las veces es la acumulación de mensajes no comunicados lo que nos limita también en esas relaciones.

En ocasiones, la dificultad de expresar emociones es causada o aumentada por otros. Algunas personas simplemente no permiten que se les diga nada significativo o emocional. Ya que no podemos forzarlos a que nos escuchen, nos quedamos atrapados con esos mensajes pendientes, tanto positivos como negativos. A veces nos da miedo decir cosas que son emocionalmente muy fuertes o esperamos el momento y las circunstancias adecuadas, pero nunca llegan. O nos olvidamos, nos distraemos... Después alguien muere y nos encontramos atrapados por todas esas emociones no comunicadas.

En resumen, la falta de resolución es el resultado de comunicaciones emocionales no expresadas. A veces no estamos seguros de lo que hemos dicho o hecho. Esto puede ocasionar la sensación de que algo está pendiente. A veces no estamos seguros si la otra persona de verdad nos escuchó, recibió nuestro mensaje o entendió nuestra intención. Esto también nos puede dejar la sensación de que tenemos algo pendiente.

Por favor, escucha esto: que tengas asuntos por resolver emocionalmente no implica que seas una mala persona o tengas algún defecto. Sólo quiere decir que varias circunstancias, hechos y falta de acciones te han robado la oportunidad de que te sientas emocionalmente completo.

CÓMO IDENTIFICAR LO QUE ESTÁ POR RESOLVERSE

Esencialmente, tu Historia Gráfica de Pérdidas detalla las pérdidas que has sufrido. Al final de esta sección encontrarás instrucciones para que, con su ayuda puedas identificar cuál o cuáles de esas pérdidas están aún sin solucionarse. Viendo tu Historia Gráfica de Pérdidas posiblemente experimentarás una amplia gama de emociones hacia las personas, hechos y relaciones que están enumeradas. Es totalmente normal sentirse triste al recordar algunas de estas pérdidas.

Tu objetivo es descubrir las relaciones que aún están sin resolver. Para hacerlo, es útil que puedas tratar de distinguir entre dolor emocional y tristeza. Los siguientes puntos te pueden ayudar:

1. Si no estás dispuesto a pensar – o hablar – sobre alguien que murió o sobre alguna otra pérdida específica, significa que puedes tener dolor emocional no resuelto.

2. Si los recuerdos felices te ocasionan pesar, puedes estar experimentando dolor emocional no resuelto.

3. Hablar sólo de los aspectos positivos de la relación puede indicar dolor emocional no resuelto.

4. Hablar sólo de los aspectos negativos de la relación puede indicar dolor emocional no resuelto.

5. El dolor emocional no resuelto es la raíz de cualquier temor asociado con pensamientos o emociones sobre una relación.

Sentimos emociones en respuesta a cada cambio que sucede en nuestras vidas. Muchos de esos cambios son pequeños o insignificantes y no producen prácticamente molestias. Pero hay algunos que tienen mayor impacto en nuestras actitudes y en la forma que percibimos la vida. Mientras más intensas son las emociones, mayor es la probabilidad de que no estén resueltas o solucionadas.

Normalmente, la gente viene a nuestros seminarios por una pérdida reciente. Las acciones necesarias para recuperarse les permite darse cuenta de que hay otras pérdidas pendientes de solucionar. Te puedes dar cuenta de esto a medida que avances en este manual.

ELEGIR UNA PÉRDIDA A SUPERAR

Ya estás listo para identificar cuál es tu pérdida más importante por solucionar. Puede que sea un fallecimiento, pero recuerda que las pérdidas no están limitadas a muertes. Para la mayoría de la gente, un divorcio deja muchas emociones por resolver. Muchas de nuestras relaciones con personas que están vivas– padres, hermanos, parientes, amigos–también podrían tener aspectos pendientes de solucionar.

Instrucciones:

1. Observa tu Historia Gráfica de Pérdidas. Marca con un círculo las pérdidas que crees no se han resuelto. Sé honesto en tu selección. No importa cuántas pérdidas hayas anotado ni cuándo sucedieron. Si no estás seguro de haber superado una pérdida específica, márcala con un círculo.

2. Utilizando la idea de tiempo e intensidad, pregúntate honestamente qué es lo que todavía te causa dolor, con qué no estás en paz. Sé realista. Si tu hijo pequeño muere, la relación podría no haber durado mucho, pero ciertamente tendrá una gran intensidad. Por lo tanto, esta podría ser perfectamente la primera opción para ti.

3. Es muy probable que la pérdida que te trajo a este manual no sea con la que vayas a trabajar primero. Si eso pasa, acéptalo de buena gana. Sin embargo, no queremos que elijas una pena menos intensa por miedo a la que es más dolorosa, o por evadirla.

4. También es posible que el pesar que te ocasiona más dolor no aparezca en tu Historia Gráfica de Pérdidas. Considera que tu relación más difícil en este momento podría ser con una persona que está viva y no aparece como "pérdida".

5. No inviertas más de una hora en este proceso de eliminación. Te confundirías a ti mismo. La verdadera pregunta es muy

simple: "¿Cuál de las pérdidas en mi vida es la que me limita y me frena más en este momento?".

6. Elige una. Nunca te equivocarás drásticamente seleccionado con qué relación empezar. Si hay varias relaciones por sanar en tu vida, ya tendrás tiempo para trabajarlas. Nota: no puedes trabajar en la relación con tus padres considerándolos juntos. Debes tomar cada relación por separado. Por ahora, queremos que selecciones la relación que parece traerte el mayor dolor o la mayor cantidad de emociones sin solucionar, o ambas.

AYUDA ADICIONAL PARA ESCOGER LA PRIMERA PÉRDIDA QUE SERÁ TRABAJADA Y ASUNTOS ACERCA DE OTRAS PÉRDIDAS

Con el paso del tiempo, personas nos han preguntado que pérdida trabajar primero. Es bastante común que esta pregunta venga de personas que perdieron a alguno de sus padres cuando eran jóvenes, normalmente de recién nacidos hasta los diez años. Aunque la pérdida afectó dramáticamente sus vidas, se preguntan si es adecuado escogerla como la primera pérdida a ser trabajada.

También recibimos preguntas por pérdidas distintas a la muerte o el divorcio. Estas preguntas frecuentemente involucran alcoholismo, enfermedad mental y distintos tipos de abusos; o acerca de cómo manejar el Alzheimer y situaciones semejantes. Y muchos preguntan cómo manejar la pérdida de la fe, de la carrera profesional o asuntos relacionados con la salud.

Una nueva sección llamada *Más en cómo escoger y otras pérdidas* empieza en la página 167. Esta contiene explicaciones adicionales acerca de cómo elegir la primera pérdida que vamos a trabajar y da lineamientos para trabajar "otras pérdidas". Aun si ya elegiste la primera pérdida en la que vas a trabajar, te sugerimos que leas la nueva sección antes de comenzar el ejercicio de la Gráfica de Relación del siguiente capítulo.

11

Introducción a la Gráfica de Relación

Para tener un recuerdo preciso de una relación, resulta útil valerse de un formato bien definido. A través de los años hemos desarrollado un proceso muy sencillo que probablemente te ayudará a encontrar lo que está pendiente por resolver en tu relación.

Como siempre, te recomendamos que no te saltes ningún paso. Este formato, si se sigue exactamente, suele tener éxito. De hecho, cuando alguien trata de cambiarlo es cuando ocurren la mayoría de los problemas.

LA GRÁFICA DE RELACIÓN ES DISTINTA A LA HISTORIA GRÁFICA DE PÉRDIDAS

En la Historia Gráfica de Pérdidas nos concentramos en las pérdidas y anotamos los hechos negativos, dolorosos o tristes que recordamos. El objetivo de la Gráfica de Relación es concentrarnos completa y detalladamente en una sola relación. Los acontecimientos positivos o felices se escriben arriba de la línea central, mientras que los acontecimientos negativos o tristes van por debajo.

Algún momento después de que ocurre una pérdida, nuestro cerebro empieza una revisión, buscando lo que nunca resolvimos o comunicamos. Tal vez seas o no consciente de que este repaso empezó poco después de tu pérdida. De hecho, el examen continúa intermitentemente hasta que la pérdida es superada. El propósito de la Gráfica de Relación es ayudarte a hacer esa revisión: que la uses para descubrir y después resolver lo que tienes pendiente.

RESOLVER NO ES OLVIDAR

Para resolver un dolor emocional debes solucionar lo que te queda pendiente. Solucionar no significa que te olvidarás de tu ser querido. Lo que estamos resolviendo es nuestra relación con el dolor emocional causado por la pérdida. Estamos resolviendo lo que quedó truncado en el momento de la pérdida. Lo único que te puede detener ahora es el temor de que olvidarás a tu ser querido. *Eso no es posible.*

Los tres aspectos de la relación en que nos concentraremos son el físico, el emocional y el espiritual.

La muerte termina con la relación física que tuvimos. Nunca más podremos hablar con esa persona o tocarla como solíamos hacerlo. Un divorcio cambia dramáticamente la relación física que tuvimos con nuestro cónyuge. No le tocamos ni le hablamos de la misma forma.

El aspecto emocional de la relación incluye todas las emociones y sentimientos que podemos tener hacia otra persona, o incluso una mascota. Esas emociones no son sólo positivas o felices, sino que también incluyen sentimientos dolorosos y negativos. Cuando un fallecimiento o un divorcio ocurren debemos descubrir y resolver lo que quedó pendiente al momento de la pérdida. Aun cuando la relación física terminó o cambió, en nuestra memoria la relación emocional continúa.

Es más difícil definir el aspecto espiritual de nuestras relaciones. Todos tenemos ideas diferentes sobre la espiritualidad. Para efectos de nuestro trabajo, aspectos espirituales son todos aquellos que no son físicos ni emocionales. Es ese algo intangible que te hace sentir conectado con otra persona. Tu conexión espiritual con los que amas no se termina ante un fallecimiento o un divorcio.

Dado que el pesar es la respuesta normal y natural ante una pérdida, la mayor parte de este manual hace referencia a emociones. Solucionar las emociones pendientes en una relación nos permite aceptar con entereza la dolorosa realidad de que la relación física terminó.

Superar una pérdida afecta la calidad de tu vida. Resolver tus emociones pendientes no está en oposición, ni interfiere, con ninguna creencia religiosa, filosófica o espiritual que puedas tener sobre encontrarte de nuevo con alguien en el cielo.

RECUERDOS PRECISOS: LO QUE A TI TE TOCA

Los que sufren tienden a crear recuerdos que superan la realidad. No se puede solucionar una relación con alguien a quien consideramos un santo o un demonio. Sólo podrás recuperarte en la medida que puedas verlo como en realidad es o fue. Tal como recordarás, el primer compromiso que aceptaste al empezar a trabajar con este manual fue decir la verdad. Divinizar o satanizar *no es la verdad.*

Cuando hablamos con alguien que acaba de perder a un ser querido, inmediatamente nos empieza a describir la persona muerta como alguien que no cometió un solo error en toda su vida. Sólo habla de los aspectos positivos de esa persona. Si escuchamos con atención, lo que en realidad quiere decir es: "Debería haberlo valorado más mientras le tuve. Fue un esposo perfecto". Hemos escuchado el mismo tipo de comentarios después del rompimiento de una larga relación romántica o un divorcio. *Esta visión unilateral y exagerada de la relación es la expresión de un gran dolor que no encuentra la manera de expresar su verdad. La persona sufre terriblemente.*

Por más que hayas querido a quien falleció, o a la persona de quien te divorciaste, él o ella no eran perfectos, de la misma forma que tú no lo eres. Toda relación, aun la más perfecta, tiene sus momentos buenos y malos. Conforme avances en tu recuperación, sólo puedes hacerte responsable de tu parte en este proceso. Si recuerdas a quien perdiste como quisieras que hubiera sido, en vez de como en realidad fue, es imposible sanar tu relación emocional con ella. Los recuerdos precisos de alguien son mucho más sólidos y valiosos que cualquier fantasía que podamos crear.

LA VERDAD ES LA CLAVE PARA RECUPERARSE

La semilla de la recuperación está en ser totalmente honestos sobre nuestra relación con los demás. No obstante, es prácticamente imposible no tener impresiones u opiniones sobre los otros. Por ello, debemos aceptar que nuestra percepción de los demás puede restringir o limitar nuestra recuperación. Criticar excesivamente lo que otros hicieron o dejaron de hacer normalmente lleva a una evaluación equivocada de nuestra relación con ellos.

Podría parecer que este libro está enfocado a ayudar a quienes desean sanar su relación con un "ser querido" que murió. Estamos seguros de que muchas personas que están leyendo este libro sufren por la pérdida de alguien a quien no amaban, o con quien no simpatizaban. Puedes sentir mucho resentimiento, incluso odio. Aun así, este programa de recuperación te ayudará. Hablaremos más sobre el resentimiento conforme avancemos en tu proceso de recuperación.

Vamos a mirar a fondo una relación buscando descubrir lo que nos gustaría hubiera terminado *distinto, mejor, o más abundante*, y también a esperanzas, sueños y expectativas no realizadas acerca del futuro. Vamos a buscar cosas que nos gustaría haber dicho, o no haber dicho. Vamos a buscar cosas que nos gustaría haber hecho, o no haber hecho. Y vamos a buscar cosas que nos gustaría que la otra persona hubiera dicho o hecho.

Unas relaciones son más amorosas que otras. De hecho, algunas son más sanas que otras. No obstante, hasta el momento no hemos conocido a alguien que no tenga alguna comunicación emocional pendiente de expresar. Hemos encontrado personas con temor, o que no están dispuestas a ver honestamente su parte de responsabilidad en una relación no solucionada. Conocemos a quienes tienen tanta información equivocada que han llegado a creer que si dicen algo verdadero, pero doloroso, pueden lastimar a alguien ya fallecido.

Queremos insistir que nuestra intención no es lastimar o destruir los recuerdos ni las relaciones. Simplemente que aceptes tu verdad, la cual permanecerá discretamente contigo o con tu compañero. Recuerda que ambos se comprometieron a mantener una confidencialidad total.

HASTA UNA LARGA ENFERMEDAD PUEDE DEJAR EMOCIONES PENDIENTES

Una pregunta: después de una larga enfermedad durante la cual cuidaste de tu ser querido las 24 horas del día y hablaste con él sobre todo tipo de cosas, ¿podrían quedar asuntos emocionales por resolver? *¡Sí!*

En parte, porque durante una larga enfermedad tanto el paciente, como el cuidador están ocupados controlando el dolor, los tratamientos y los medicamentos. También, porque es imposible hablar directamente con alguien de la misma forma en que hablarías sobre esa persona con alguien más. Y, finalmente, porque la muerte en sí provoca una revisión muy intensa de la relación, que no puede suceder mientras la persona todavía está viva. Aclaremos este punto. Si has estado cerca de alguien durante una larga enfermedad, podrás recordar que a pesar de que pensaste estar bien preparado; a pesar de que sabías lo que iba a pasar; nada pudo evitar que te sintieras terriblemente afectado cuando llegó la muerte. Lo terminal, lo absoluto de la muerte aumenta la capacidad del cerebro para buscar lo que quedó pendiente en una relación.

¿Es lo mismo ante un divorcio? Sí y no. Un divorcio es la muerte de una relación y de las esperanzas, expectativas y sueños que la acompañaban. Las emociones sobre un divorcio pueden empezar mucho antes de que se inicien los trámites legales. Algunas personas empiezan a sentir emociones al ir hacia el despacho del abogado para iniciar el proceso. Para otras, las emociones surgen en el momento en que reciben la sentencia del juzgado. Cuando se tiene la sensación de que realmente la relación se terminó, es cuando el cerebro y el corazón empiezan su poderosa búsqueda de asuntos pendientes. Pero, mientras que la muerte automáticamente marca el *final* de la relación física, el divorcio *cambia* la relación física.

ESPERANZAS, SUEÑOS Y EXPECTATIVAS

La muerte no es nunca un hecho aislado. Además de la muerte en sí, se sufre la muerte de todas las esperanzas, sueños y expectativas sobre el futuro. Pasa lo mismo en los divorcios y cuando otras relaciones terminan.

En las relaciones positivas, nuestros sueños y esperanzas están relacionados con la experiencia real de estar juntos y compartir todos los acontecimientos que posiblemente ocurrirán

a través del tiempo. Muchas parejas esperan ansiosamente el día en que podrán retirarse del trabajo o de su profesión. Hasta tienen planes detallados para viajar y llevar a cabo diferentes actividades recreativas de todo tipo para pasar el tiempo. Con frecuencia, uno de los cónyuges muere antes de que esos planes puedan realizarse. Muchas de nuestras relaciones positivas tienen planes para el futuro. Esos planes también se acaban ante un fallecimiento.

En las relaciones negativas es inevitable haber tenido la esperanza de que algún día se arreglaran, o que la otra persona nos pidiera disculpas por lo que hizo para lastimarnos. Mucha gente creció en familias disfuncionales, rodeadas de alcoholismo o situaciones debilitantes. Cuando eran niños no sabían que había otras formas de vida. Ya de adultos se dan cuenta de que no tuvieron una infancia normal y saludable. Es vital que experimenten y resuelvan el dolor de su infancia. De hecho, ahora deben considerar lo que deberían haber sido sus expectativas, sueños y esperanzas normales.

Algunas personas tienen relaciones horribles con sus padres o hermanos. A veces se reconcilian y llegan a crear una relación nueva y positiva. Cuando restablecen la relación, automáticamente vuelven a tener esperanzas, sueños y expectativas sobre el futuro. Con frecuencia estas relaciones, que cobraron nueva vida, se ven truncadas por una muerte inesperada. "Por fin recuperé a mi padre. Teníamos tanto que decirnos, pero tuvo un ataque cardíaco y murió antes de que pudiéramos disfrutar el uno del otro".

Es esencial entender el poder que tienen emociones no resueltas acerca de eventos futuros Escucharás y verás muchas cosas que te recordarán los planes que tuviste con la persona que falleció, o con tu ex cónyuge. Es importante que alivies tu relación tanto como sea posible. Esto te ayudará cuando te topes con otros acontecimientos o sensaciones que te traigan recuerdos.

LA GRÁFICA DE RELACIÓN

Pronto te daremos instrucciones para que puedas hacer tu Gráfica de Relación. Veamos unos ejemplos.

Gráfica de la relación de John con su hermano menor

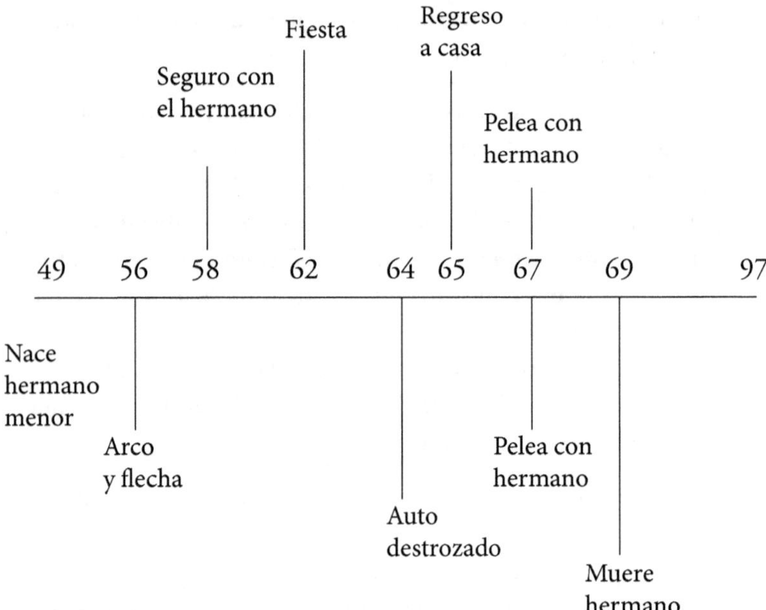

1949. Nace mi hermano pequeño. Esto no está ni sobre la línea ni debajo. Es una historia de mala comunicación. Probablemente noté que mi madre estaba embarazada y le pregunté qué significaba. Cuando me dijo que tendría un nuevo hermano me puse muy contento. Pero debí estar confundido, porque pensé que cuando él o ella llegaran a casa sería más o menos de mi tamaño. Como tenía un hermano mayor, sabía que los hermanos son más o menos del mismo tamaño. Cuando mi hermano menor llegó no sabía qué hacer. Ni siquiera tenía tamaño para jugar a la pelota con nosotros. Ese es el primer recuerdo de mi hermano pequeño.

1956. Mi hermano pequeño rompe mi arco y mi flecha. Me enojé mucho. Le dije que no los tocara, pero él sólo tenía siete años y quería hacer todo lo que sus hermanos mayores hacíamos. Fui muy brusco con él y lo hice llorar.

1958. Mi hermano busca mi consuelo y protección. Nuestros padres habían estado discutiendo y él estaba muy asustado. Se metió en mi cama y me preguntó si podía estar conmigo un rato. Me sentí muy orgulloso de que se sintiera seguro a mi lado.

1962. Ingreso al servicio militar. Mis hermanos ofrecieron una fiesta para despedirme. Mis dos hermanos me dijeron que me querían mucho y me pidieron que me cuidara. Yo sabía que me querían, pero me dio mucho gusto que me lo dijeran.

1964. Mi hermano pequeño destroza mi auto. Yo estaba fuera de los Estados Unidos y le dije que no usara mi auto. A los quince años de edad no se hace mucho caso. Un día, mientras mi madre estaba en el trabajo, mi hermano decidió ir a dar un paseo. Terminó chocando mi auto contra un poste de electricidad.

1965. Regreso a casa al terminar el servicio militar. Cuando mi hermano pequeño abrió la puerta de la casa, no podía creer todo lo que había crecido. Era más alto que yo. Se había convertido en el hombre de la casa y me sentí muy orgulloso de él.

1967. Mi hermano pequeño vive conmigo en California. Si te das cuenta, marqué este acontecimiento de ambas formas, hacia arriba y abajo de la línea central. Tuvimos momentos buenos y malos. Él no quería regresar a casa cuando yo le decía que lo hiciera. Me di cuenta de lo que era ser padre. No hacía su cama, no ponía gasolina al coche y la cuenta del teléfono era astronómica, ya que se pasaba el tiempo hablando con su novia a larga distancia. Pero, al mismo tiempo, íbamos juntos a muchos sitios, nos divertíamos y disfrutábamos de la compañía del otro. Nos convertimos en amigos, además de hermanos.

Este fue también el año en que tuvimos nuestra peor discusión. Él estaba hablando de casarse y no creí que fuera una buena idea. Nos peleábamos como el perro y el gato. Finalmente, él decidió continuar con sus estudios y la situación se calmó de nuevo. Nunca hablamos de los sentimientos negativos que esto nos ocasionó.

1969. Mi hermano muere. Nuestra última conversación fue por teléfono. Él y sus amigos estaban en camino para visitarme en California. Decidieron tomar una siesta. Antes de dormir, me llamó por teléfono. Estaba por primera vez en Las Vegas y quería ver las luces de la ciudad. Como de costumbre, no tenía dinero y me pidió que le "prestara" un poco. Le dije que fuera a un hotel a ver a unos amigos míos, que ellos le darían algo de dinero. Colgué el teléfono después de decirle "nos vemos mañana". Nunca llegó ese "mañana". Murió esa misma tarde. ¡Cómo deseaba que mi conversación con él aquella tarde hubiera incluido un "te quiero mucho"! Hay otras ocasiones en que hubiera querido que nuestras conversaciones hubiesen sido más honestas y enfocadas a nuestros sentimientos.

Durante más de veinte años John convivió con su hermano, a quien quería, pero cuando hizo la Gráfica de Relación por primera vez, muy pocos acontecimientos vinieron a su mente. Al principio, los hechos que recordaba parecían insignificantes; sin embargo, estaban asociados con las emociones que le gustaría hubieran sido reconocidas y comunicadas a tiempo. Estos mensajes no comunicados constituían lo que él deseaba que hubiera sido *diferente, mejor o más abundante.*

Veamos la Gráfica de Relación de Russell, donde los mensajes no comunicados están escritos en negrita.

Gráfica de la Relación de Russell con su ex esposa Vivienne

1968. Nos conocimos un domingo. Se llamaba Vivienne. Nos casamos el martes. Para mí, era la mujer ideal. Estaba fascinado. Ella era agraciada y muy sofisticada, ya que venía de Londres. Ahora que lo pienso, me doy cuenta de que Vivienne sólo tenía diecinueve años y que fueron su acento británico y modo de comportarse los que me dieron la impresión de que era mayor. Yo tenía veinticinco años.

1969. A veces parecía estar enojada conmigo. No me quejo de que estuviera enojada, sino de la forma en que lo comunicaba o dejaba de hacerlo. Siempre fue muy callada, pero lo era mucho más cuando había algún problema. **Tenía que perdonarla por no poder decirme qué era lo que le estaba pasando.** Con frecuencia no entendía lo que pasaba y no me quedaba más remedio que tratar de adivinar porqué estaba molesta. Fue muy frustrante.

1970. Yo tenía ideas muy claras sobre cómo dirigir nuestro negocio. Verbalmente me expreso muy bien y puedo ser muy dominante o cerrarme en mis opiniones. Ella intentó, lo mejor que pudo, que superara algunas de mis actitudes que no me beneficiaban. Trató de ayudarme a entender, pero casi nunca la escuché e hice lo que yo quería. Muchas de las decisiones que tomé en esas circunstancias nos ocasionaron, más tarde, problemas serios en el negocio. Sé muy bien que también contribuyeron a nuestro divorcio. Al mirar hacia atrás, con toda honestidad, me doy cuenta de que debo disculparme por haber sido dogmático y terco. No sólo lamento lo que pasó conmigo y con el negocio, sino que, **sinceramente, lamento no haber podido escuchar a esta persona que estaba tratando de hablar conmigo y ayudarme.**

1971. Nuestras habilidades se complementan muy bien cuando abrimos nuestro restaurante. Como individuos éramos muy diferentes, con personalidades y habilidades totalmente distintas. Yo era el anfitrión sociable y conversador, mientras que ella era excepcionalmente creativa en la cocina y repostería. **Nunca le dije cuánto valoraba sus habilidades y el maravilloso equilibrio que ella trajo a los aspectos del negocio dentro de nuestras vidas.**

1971. Ella quiere tener hijos. Dejando a un lado los asuntos de personalidad, no teníamos grandes diferencias de opinión o filosofía. En general estábamos de acuerdo sobre lo que hacíamos y a dónde queríamos llegar, excepto en un área esencial. Vivienne quería tener hijos, parecía muy importante para ella. Yo no estaba listo, dado que mi infancia había sido difícil y apenas ahora estaba empezando a sentir algo de libertad. **Tengo que perdonarla**

por lo que el tema de los hijos contribuyó en su deseo de divorciarse. También necesito pedir disculpas por no haber conocido y comunicado mi verdad a tiempo.

Los cuatro años que estuvimos juntos fueron muy intensos y fuimos muy felices. Disfrutamos de lo mejor de la sociedad. Éramos "la pareja del momento". Me gustaba mucho ir con ella a los acontecimientos sociales. Nuestro estilo de vida – y el negocio en el que estábamos – me atrapó y no siempre tuve presente la importancia de detenerme para hablar con Vivienne de las emociones que estaba sintiendo. A pesar de que cada noche nos repetíamos el obligatorio "te amo", **no le dije lo mucho que ella significaba para mí, lo orgulloso que me sentía de ser su compañero y lo maravillosa que me parecía.**

Yo estaba preocupado con la actividad diaria de nuestro restaurante. No era muy consciente de lo que estaba pasando en nuestro matrimonio. *Ya dije que le debo disculpas por mi forma de ser tan tajante.* No sería realista contemplar esta relación y concluir que sólo mis errores terminaron con ella. Así como debo pedir disculpas por mi forma de ser y hablar, que fueron muy dominantes, también debo perdonarla **por ser tan callada y por su falta de deseo de luchar por lo que de verdad creía, por hacer concesiones y dejarse vencer.**

1972. Ella inicia el proceso de divorcio. Estaba muy confundido durante el matrimonio. Por una parte, era muy feliz y desconocía totalmente que había problemas en la relación. Nuestro negocio iba bien y–hasta donde yo sabía–éramos una pareja feliz. Por otro lado, las áreas problemáticas de nuestra relación, que ahora puedo ver con claridad, iban acumulando sentimientos negativos que iban a explotar. Un día mi esposa me llamó por teléfono para informarme que se iba de la casa y que iniciaría los trámites de divorcio. Esa llamada está grabada en mi memoria. Ella no trató de hablar conmigo en persona, sino que me lo dijo por teléfono. **Para mí, este era otro ejemplo de sus problemas para**

comunicarse y debo perdonarla por haberlo hecho de esa manera.

Desde mi punto de vista, el divorcio fue muy repentino. De las semanas que le siguieron no recuerdo casi nada. Mi única idea de cómo hacer frente a esta pérdida era que tenía que ser *fuerte por los demás*. Ahora yo era "el otro" y no sabía qué hacer. Durante ese tiempo me di cuenta de algo importante: mi mayor queja de la relación es que ella se negaba a hablar cuando había un problema. Además, cuando ella hablaba yo no la escuchaba. No sabía qué hacer con esto que había descubierto. **Aprendí, mucho más tarde, que necesitaba perdonarla por no saber comunicarse, así como también pedirle disculpas por no haberla escuchado.**

El divorcio terminó la relación matrimonial. A pesar de que éste termina con la mayoría de los aspectos físicos de la relación, los lazos emocionales y espirituales continúan. Con mucha frecuencia, dichos lazos cambian radicalmente ante un divorcio, más que en un fallecimiento. En los más de veinticinco años que han pasado desde que me divorcié de Vivienne, hay acontecimientos que me han ayudado a descubrir otros asuntos pendientes en mi relación con ella.

1976. Vivienne me dice que ella y su nuevo esposo adoptaron dos niños. Poco después, ella se quedó embarazada y tuvo una niña. En ese momento mi reacción fue ambivalente. Por supuesto que estaba contento por ella. Siempre pensé que sería una madre maravillosa. Pero también sentí dolor. Recordé algunos planes, esperanzas y sueños que tuvimos cuando estábamos juntos. **Tenía que perdonarla por no esperar a que yo estuviera listo para desear tener hijos.**

Hay un último detalle emocional importante sobre mi relación con Vivienne. En 1974 conocí a Jeanne y me casé con ella. La hija de Jeanne, Kelly, tenía cinco años. Todo este tiempo he sido como un padre para ella. En este papel, me ha sido posible experimentar todas las emociones asociadas con la paternidad. Kelly me hace muy feliz y considero nuestra relación como un tesoro.

1994. Una buena amiga adopta una niña y la llama Gabrielle. Muy pronto se convirtió en "Gabi" y se ganó mi corazón. Tenía siete meses de edad cuando llegó a mi vida. Inmediatamente me proclamé el primero de sus tíos. Hasta instalé un asiento de bebé en mi automóvil. Desde el primer momento me conquistó totalmente. Al principio, Alice, mi novia, y yo estábamos desconcertados por la atención que le estaba dando a esta niña.

Un día, mientras conducía un Seminario para la Superación de Pérdidas Emocionales, empecé a hablar sobre Gabi. Y en unos minutos mis ojos se llenaron de lágrimas. Me di cuenta de lo que estaba pasando. Kelly tenía cinco años cuando llegó a mi vida. Nunca había tenido la experiencia de convivir con un bebé. Hacía muchas cosas con ella, a pesar de que era solamente "un tío". Le enseñé a gatear, aventar la pelota y montar ponis.

Al darme cuenta, sentí una gran pena por lo mucho que me había perdido de compartir con Vivienne. No tuve la oportunidad de ser padre a su lado. Estaba triste. Dado que ya había expresado indirectamente que lo sentía en esa relación y ya la había perdonado, lo único que quedó fue la idea de nosotros dos como padres, idea que de alguna manera mantuve cerca de mi corazón desde el primer momento en que la vi, en 1968. **Estaba muy triste porque no tuvimos hijos.**

CUARTA TAREA: HACER LA GRÁFICA DE RELACIÓN

Para poder empezar la Gráfica de Relación, tanto si tienes un compañero como si trabajas solo, debes haber seleccionado una relación para trabajar de inicio. Utiliza una hoja de papel en blanco, que sea como mínimo tamaño carta. Pon el papel a lo ancho y traza una línea por el centro, de izquierda a derecha.

El extremo izquierdo representa el inicio de la relación. Si estás haciendo la gráfica de alguno de tus padres, la fecha del extremo izquierdo es probablemente la de tu primer recuerdo. Para todas las demás relaciones será la fecha en que conociste a esa persona. El extremo derecho de la línea representa el año actual, anótalo ahora. Si estás haciendo la gráfica de un fallecimiento o un divorcio, marca la fecha de ese hecho en el lugar apropiado. Una muerte o un divorcio no terminan con una relación.

PRIMER RECUERDO: LA MUERTE DE UN BEBÉ

Si estás tratando de solucionar el dolor ocasionado por la muerte de un bebé (nació muerto, una pérdida espontánea, un aborto provocado, o un caso de muerte de cuna), el primer recuerdo estará localizado antes que en otras gráficas de relaciones. En términos generales, la relación emocional de una mujer con su bebé *comienza cuando se da cuenta de que está embarazada.* Las mujeres también describen un cambio en sus emociones la primera vez que sienten al bebé moverse en su vientre. Las siguientes semanas la mujer se pasa el día preguntándole a su esposo: "¿Notas cómo se mueve?". El marido, amorosamente, pone sus manos sobre su vientre, pero no puede sentir nada todavía. Un día, finalmente, él siente un pequeño movimiento y *es cuando su relación emocional con el bebé empieza.* Hasta este punto la relación física es imaginaria, pero desde el punto de vista emocional es completamente real. Cuando la esposa de John quedó embarazada de su segundo bebé (el niño que falleció en 1977) y John pudo sentir su primer movimiento, su mente empezó a crear esperanzas, sueños y expectativas. Su hijo tendría todas las cosas que él no tuvo. Aunque todavía no había una relación física, para John y su esposa el vínculo emocional con su hijo era real.

En este manual hemos dicho que debemos resolver nuestras emociones en las relaciones que tuvimos, pero cuando se trata de la muerte de un bebé o de un niño, estamos hablando de una relación que debería haber sido pero no llegó a ser. Cuando John perdió a su hijo, recuerda que estaba fuera de la sala de incubadoras en el hospital, viendo a su hijo y pensando: "Nunca sabrá todas las cosas que haría por él. Nunca sabrá lo mucho que lo quiero". Estas eran las esperanzas y los sueños que no se llegarían a realizar por la muerte del bebé. Todos los padres desean dar a sus hijos lo que ellos no tuvieron de niños. Cuando tienes esta idea grabada, ¿qué haces con los pensamientos y las emociones que te has formado si el bebé muere? Es necesario resolver estas emociones.

Después, trata de reconstruir la relación desde que empezó, tan claramente como te sea posible. Tu meta es identificar lo que no comunicaste. Busca en tus recuerdos y escribe lo que te venga a la mente. Decide qué acontecimientos son positivos (línea hacia arriba) y cuáles son negativos (línea hacia abajo). Tu mente puede ir, o no, en orden cronológico. Identifica tanto los malentendidos como los acontecimientos memorables. No limites ni trates de corregir tus recuerdos, simplemente anótalos. Es esencial que seas honesto y detallado. Mira de nuevo la gráfica de Russell y fíjate en los comentarios que hace sobre los hechos y en los mensajes pendientes de comunicar que estaban asociados con éstos.

No juzgues lo sucedido. No caigas en la trampa de tratar de intelectualizar. Lo que estamos buscando son las emociones que sentiste cuando estos hechos ocurrieron. Mantén la gráfica centrada en la relación que estás trabajando, no te distraigas ni te desvíes hacia otras relaciones.

Te sugerimos que procures disponer de una hora de tu tiempo para dedicarte a esta tarea. Trata de recordar al menos diez acontecimientos para marcar en tu gráfica. Si sientes que te detuviste, mira los ejemplos en este libro. Podrían ayudarte a rescatar tus recuerdos.

Para que seas realista y evites divinizar o satanizar, te recomendamos que marques al menos dos acontecimientos positivos y dos negativos. Para algunos será difícil encontrar acontecimientos negativos en una relación positiva. En el otro extremo, quienes están haciendo la gráfica de una relación con alguien "no tan querido" pueden sentir que es difícil encontrar acontecimientos positivos. Por ejemplo, al pensar en un padre abusivo es difícil encontrar algo positivo en la relación, o ver la buena intención de algún hecho. Hay que tener cuidado de mantener una honestidad total a través de este ejercicio y evitar el peligro de crear una falsa imagen de la relación. Aun cuando un padre fue abusivo, también pudo haber mantenido a su familia, pagado la renta y proporcionado alimento. Reconocer las acciones positivas de un padre abusivo no minimiza el daño que nos hizo, sino que nos permite crear una imagen realista de la relación. Todas las relaciones tienen aspectos buenos y malos, positivos y negativos, dulces y amargos.

Algunas relaciones pasan por extremos a través del tiempo, de positivo a negativo, para volver a regresar a positivo. Es muy común tener con uno de los padres una relación buena durante la infancia, pasar algunos años difíciles durante la adolescencia, seguidos por una excelente relación adulta. Debes evaluar la relación completa. Probablemente descubrirás algunas emociones que durante los periodos difíciles no fueron comunicadas. No pienses que si tu relación ha sido buena en los últimos tiempos, todos tus problemas y malentendidos pasados no tienen importancia. Sería un error.

Tú eres el único juez. No te dejes influir por lo que otros piensan. En uno de nuestros seminarios una mujer citó como uno de sus recuerdos más preciados cuando su padre la llevaba al bar y la sentaba en la barra, mientras él bebía y se divertía con sus amigos.

Algunas personas pensarían que es malo llevar a una niña a ese tipo de lugar. Lo único que importa es que tú sepas que tu recuerdo es exacto y el valor que tiene en tu relación. Lo que los demás piensen no debe preocuparte.

Los recuerdos positivos pueden ir desde estar sentados juntos en el balcón, ir de vacaciones, caminar de la mano al atardecer, hasta educar a los hijos. Un vestido o juguete nuevo, aprender a nadar o recibir consejos de tu padre pueden ser recuerdos valiosos para ti. No rechaces ninguno aunque te parezca muy simple. La acumulación de pequeñas cosas que no fueron comunicadas contribuye a crear dificultades en las relaciones.

Un recuerdo negativo puede ser tan simple como una diferencia de opiniones. Los castigos que se reciben en la infancia son recordados con gran intensidad, especialmente si fuiste castigado por algo que no hiciste. La injusticia, asociada con un castigo no merecido, con frecuencia afecta el bienestar de la persona por mucho tiempo. Al igual que en el caso de los recuerdos positivos, no hay recuerdos negativos pequeños o insignificantes.

Usa la línea vertical, hacia abajo o arriba de la horizontal, para representar la intensidad de tus emociones en el momento en que ocurrieron los hechos. No importa si hay más acontecimientos arriba que abajo de la línea, lo más importante es que el contenido de la gráfica sea verdadero. No te preocupes de lo que otros puedan pensar o decir, nadie más verá esta gráfica.

Ahora es tu turno. Es hora de que hagas tu gráfica.

QUINTA REUNIÓN: COMPARTIENDO LA GRÁFICA DE RELACIÓN

¡Felicitaciones por terminar tu Gráfica de Relación! En esta reunión compartirás tu gráfica con tu compañero y viceversa. Comiencen por reiterar su compromiso de honestidad total, confidencialidad absoluta y respeto a la originalidad e individualidad del proceso de recuperación de cada persona. Como siempre, es conveniente que la reunión se celebre en un lugar que ofrezca comodidad y seguridad, por si tienen ganas de llorar. Tengan pañuelos desechables a la mano.

Asegúrate de llevar tu Gráfica de Relación a la reunión.

Instrucciones para quien escucha:

1. Siéntate a una distancia razonable. Evita la sensación de estar demasiado cerca de tu compañero, o de no darle suficiente espacio.

2. Como tu papel es escuchar, puedes reír o llorar si te parece oportuno, *pero no hablar.*

3. No toques a tu compañero. Normalmente el contacto detiene las emociones.

4. Recuerda la imagen: eres un corazón con oídos. Esfuérzate por permanecer en el presente y escuchar realmente la historia de tu compañero.

Instrucciones para quien habla:

1. Empieza a contar la historia de la relación que muestras en tu gráfica, empezando con tu primer recuerdo o con la fecha en que conociste a esa persona. Generalmente, la gráfica de uno de los padres comienza con tu primer recuerdo, mientras que la gráfica de un cónyuge comienza el año en que se conocieron. Veamos un ejemplo de cada una: “Nací en 1943, pero mi primer recuerdo de mi padre data de 1947, cuando yo tenía cuatro años. Recuerdo que me llevó a tomar una malteada de fresa que, hasta la fecha, es mi favorita”. “Conocí a mi esposa en la fiesta de unos amigos. Nunca olvidaré cómo latía mi corazón cuando la vi. Me pareció tan bonita...”.

2. A medida que vayas describiendo los hechos de tu gráfica, de forma intuitiva proporcionarás más detalles de tu relación con esa persona. Ten cuidado de no salirte del tema, especialmente de no desviarte hacia otras relaciones. Evita también convertir tu historia en un monólogo, no debe tomarte más de media hora. No pasa nada si te pasas un poco, pero no demasiado. Es mejor que te limites sólo a los acontecimientos que has señalado en tu gráfica.

3. Si lloras, sigue hablando con el llanto. Empuja las palabras hacia afuera, déjalas salir en vez de tragártelas. La gente tiende a embotellar, atascar o ahogar emociones en la garganta.

4. Cuando termines, pide a tu compañero que te dé un abrazo (suponiendo que a ambos les parezca aceptable). Deben evitar caer en la trampa de discutir lo que acaban de hacer. Aquí es donde se corre el riesgo de juzgar, evaluar o criticar. No permitas que eso suceda.

Después, hagan una pequeña pausa y a continuación inviertan los papeles. Es el turno de tu compañero para que haga este ejercicio con su gráfica.

Establezcan la próxima reunión.

Instrucciones para quienes trabajan solos:

Si estás trabajando solo, tal vez te sea útil emplear las gráficas de John y Russell como tu compañero silencioso. Observa nuevamente sus gráficas. Luego vuelve a analizar la tuya. Date cuenta de las similitudes y las diferencias.

12

Casi en la Meta: Convertir tu Gráfica de Relación en Elementos de tu Recuperación

Para comunicar y resolver lo que descubriste en tu Gráfica de Relación, primero debes asignar las acciones a alguna de las siguientes categorías:

- Expresiones de "lo siento"
- Perdonar
- Declaraciones emocionales importantes

A pesar de que parezcan simples, estas tres categorías son suficientes para transmitir cualquier comunicación emocional incompleta.

EXPRESIONES DE "LO SIENTO"

Expresar "lo siento" por cualquier *cosa que hiciste* o *dejaste de hacer*, que lastimó o causó daño a alguien. Posiblemente debas expresar "lo siento" por algo que hiciste ("Siento haber tomado dinero de tu monedero") o por algo que no hiciste ("Siento no haberte visitado en el hospital"). O podrías no haber dicho algo positivo antes de un fallecimiento o un divorcio ("Lamento no haberte dado las gracias por el regalo"). En esta categoría, estamos interesados sólo en tu percepción y sentimientos con respecto a tus acciones o la ausencia de éstas. Si sientes que algo que hiciste o dejaste de hacer pudo haber dañado u ofendido a otra persona, anótalo. Es importante que no te juzgues a ti mismo. El objetivo es resolver tus emociones pendientes, no lastimarte aún más. La mayor parte de estas expresiones de "lo siento" serán indirectas, es decir, las comunicarás a tu compañero, por lo que son privadas. Ocasionalmente, descubrirás que puedes expresar "lo siento" directamente a la persona a quien ofendiste si está viva y si es apropiado hacerlo. De cualquier manera, la mayoría de las veces las expresiones de "lo siento" tienen que hacerse de forma indirecta.

PARA LAS VÍCTIMAS ES MÁS DIFÍCIL DECIR "LO SIENTO"

Algunas personas desarrollan una larga relación con su dolor y actúan como víctimas. Esto, con frecuencia, se convierte en un hábito negativo que restringe el bienestar de la persona. La mayoría de ellos no se dan cuenta de que "sentirse como víctimas" se ha convertido en una reacción casi automática ante cualquier circunstancia que se presente.

Es horrible que alguna persona sea maltratada. Obviamente, es peor cuando se trata de niños porque no tienen forma real de defenderse.

Quienes se ven a sí mismos como víctimas tienen dificultad para expresar "lo siento". La sensación de ser "víctimas" está grabada en su memoria de tal modo que tienen una visión distorsionada de la situación. De cualquier manera, es necesario decir "lo siento" por las faltas que hayas cometido, sin importar qué tan pequeñas o esporádicas hayan sido. Recuerda que la única forma de que llegues a estar en paz con tu pasado es haciendo frente completamente a tu verdad.

A veces, nuestro deseo de tener la razón puede ser el mayor obstáculo para expresar "lo siento". Nuestra necesidad de estar en lo correcto, o nuestras ideas fijas, no nos permiten ser totalmente honestos sobre nuestras acciones o sobre su ausencia. Ten especial cuidado de no caer en esta trampa si estás trabajando en la relación con alguien "no tan querido". Hay cierta tendencia a creer que la otra persona te causó daño. A pesar de que esto sea verdad, no elimina la necesidad de que expreses "lo siento" por el daño que ocasionaste.

PERDONAR

Perdonar *es renunciar al deseo de que el pasado hubiera sido diferente o mejor.*

Perdonar es uno de los conceptos más malentendidos en el mundo. Mucha gente convierte equivocadamente la palabra *perdonar* en *condonar*. Este problema es ilustrado con las definiciones que da el Diccionario Merrian-Webster.

PERDONAR: "Dejar de sentir resentimiento contra un agresor".

CONDONAR: "Tratar como trivial, inofensivo o sin importancia".

Si consideramos que estas dos palabras significan lo mismo, será virtualmente imposible perdonar. La idea de trivializar algún hecho horrible es claramente inaceptable. Sin embargo, estaremos en el camino correcto si usamos la definición de *perdonar* que ofrece el diccionario.

Aferrarnos a un resentimiento limitará nuestra capacidad de vivir plenamente. Cualquier recuerdo de esa persona o de algún hecho nos puede llevar a sentir de nuevo el dolor de todas esas emociones sin resolver. Para recuperarnos totalmente debemos sanar el dolor emocional que sentimos y no guardar rencor.

El tema del perdón lleva asociadas muchas creencias que se han transmitido de generación en generación. Algunas personas han desarrollado tal resistencia a la palabra *perdón* que no pueden ni decirla. Hace poco, conseguimos ayudar a una mujer que estaba en esta situación. Ella le llamaba la palabra que empieza con "P". Para ayudarla, le sugerimos que usará la frase: *Me doy cuenta de las cosas que hiciste, o dejaste de hacer, y del daño que me ocasionaron, y no voy a permitir que me sigan lastimando. Otra variante es: Me doy cuenta de las cosas que hiciste, o dejaste de hacer, y del daño que me ocasionaron, y no voy a permitir que mi recuerdo de esos incidentes me siga lastimando.*

Hemos sido lastimados por las acciones insensibles, inconscientes o hasta mal intencionadas de otras personas. Guardar rencor hacia ellos y no perdonarlos sólo nos lastima a nosotros mismos, no a ellos. Imagínate que la persona que te lastimó murió. ¿Tu resentimiento puede afectarla? Por supuesto que no. ¿Puede dañarte a ti? Desgraciadamente, sí. Las acciones que seguiremos en nuestro plan de recuperación tienen como objetivo liberarnos de emociones dolorosas. Perdonamos para poder recuperar nuestro bienestar y tener la posibilidad de ser felices nuevamente. *Perdonar no tiene nada que ver con la otra persona, sino con nosotros mismos.*

PERDONAR ES UNA ACCIÓN, NO UN SENTIMIENTO

No puedes sentir que perdonaste hasta que lo haces. Muchas personas dicen: "No puedo decirle que le perdono. No es lo que siento". A lo cual respondemos: por supuesto que no. No puedes sentir algo que no has hecho. La sensación de perdonar sólo puede ser el resultado de la acción de expresar ese perdón. Primero viene la acción, después podrás sentir su efecto.

Perdonar es dejar de lado el rencor que guardas hacia una persona. Podrías tener que perdonarla por algo que hizo ("Te perdono por arruinar mi fiesta de cumpleaños") o no hizo ("Te perdono por no haber estado en mi graduación").

La expresión "puedo perdonar, pero no puedo olvidar" es un tanto extraña. Mezcla dos ideas que no están conectadas directamente. Supongamos que fuiste golpeado brutalmente durante años. No es posible, ni remotamente, olvidar esos hechos. Lo que implica decir "puedo perdonar, pero no puedo olvidar" es que no puedo perdonar. Pero pregúntate a ti mismo: ¿Quién está encarcelado?, ¿quién es el que continúa resentido, manteniendo su vida, su cuerpo y su mente cerrados a nuevas posibilidades?, ¿De quién se limita la vida por no perdonar?

Con frecuencia nos preguntan si es apropiado expresar perdón personalmente. Nuestra respuesta es: *¡No! ¡No! ¡No!* La expresión de perdón que no ha sido solicitada es siempre interpretada como un ataque. La persona que perdonaste no tiene porqué saberlo. *Recuerda, nunca perdones a nadie directamente.*

Un último comentario. Muchas personas piden a otras que las perdonen. Creemos que hay un problema de comunicación en estos casos. De hecho, cuando pides el perdón de alguien lo que estás haciendo es manipular: estás pidiendo a esa persona que haga lo que debes hacer tú mismo. Cuando pides perdón a alguien que falleció, estás pidiendo a un muerto que ejecute una acción, lo cual no es posible. Dejando de lado creencias espirituales, *es claro que tú eres quien debe actuar,* en lugar de pedir que alguien lo haga por ti. Si pides ser perdonado es porque, en realidad, estás tratando de decir "lo siento" por algo que dijiste o hiciste. No intentes manipular. Simplemente haz lo que tú sabes que es correcto. No pidas ser perdonado. Expresa "lo siento".

DECLARACIONES EMOCIONALES IMPORTANTES

Cualquier comunicación de emociones importantes que no es expresada, y que no es un "lo siento" o un perdón, cae dentro de la categoría de declaraciones emocionales importantes. A continuación te daremos algunos ejemplos:

- Te amaba.
- Te odiaba.
- Estaba orgulloso de ti.
- Me sentía avergonzado de ti.
- Gracias por los sacrificios que hiciste por mí.
- Valoro mucho el tiempo que pasaste conmigo.

Esta categoría es al mismo tiempo sencilla y profunda. Te permite expresar todas las emociones que tuviste guardadas por mucho tiempo. Aunque cada frase parezca insignificante, cuando *se acumulan por largo tiempo crean problemas en las relaciones, haciéndolas difíciles o dolorosas.*

Varias veces en este libro hemos utilizado la expresión *diferente, mejor o más abundante.* Daremos una explicación de ella. Después de un fallecimiento o un divorcio casi siempre descubrimos cosas que querríamos haber dicho o hecho, o no haber dicho ni hecho. De igual manera, hay cosas que quisiéramos que la otra persona hubiera o no dicho o hecho. Estas son algunas de las cosas que quedan guardadas como no expresadas y que caen en esta categoría, son *declaraciones emocionales importantes.* Cuando las relaciones cambian o terminan, ya sea por un divorcio, fallecimiento o cualquier otra circunstancia, casi siempre tenemos la sensación de que nuestras *esperanzas, sueños y expectativas* se destruyeron. Siempre hay emociones que debemos expresar con relación a ello. Llegó el momento de poner en palabras los pensamientos y las emociones importantes que no pudimos comunicar cuando la pérdida ocurrió.

Cuando se trata de personas que están vivas, nunca es apropiado expresarles directamente un mensaje emocional negativo. Cualquier declaración negativa sería percibida como un ataque.

¡Te felicitamos por haber completado tu Gráfica de Relación!

QUINTA TAREA: UNIENDO TODO

Es tiempo de traducir tu Gráfica de Relación en elementos para tu recuperación: expresiones de "lo siento", cosas que perdonar y declaraciones emocionales importantes. Toma una hoja de papel en blanco y prepárala de la forma siguiente:

Expresiones de "lo siento":

Perdón:

Declaraciones emocionales importantes:

Ahora, viendo tu Gráfica de Relación, asigna cada acontecimiento que marcaste a una de las tres categorías anteriores. Generalmente, los hechos marcados en la parte superior serán una expresión de "lo siento" o una declaración emocional importante. Los acontecimientos debajo de la línea requerirán ser perdonados o constituirán una declaración emocional importante. Algunos acontecimientos, especialmente los negativos, pertenecerán a dos categorías. Por ejemplo: "Gracias papá por llevarme al partido (declaración emocional importante). Sin embargo, necesito perdonarte por decirme que yo era el peor jugador del equipo (perdón)".

Muchos acontecimientos en tu gráfica estarán marcados al menos en una de las tres categorías de recuperación que definimos. No te preocupes si repites mensajes que crees ya has dicho a alguien. Tampoco si tienes más de un acontecimiento que pertenezca a la misma forma de comunicación. Más adelante tendrás la oportunidad de pulir el trabajo realizado hasta este momento. No corrijas. Simplemente escribe todo.

SEXTA REUNIÓN

En esta reunión compartirás con tu compañero tu lista de elementos de recuperación. Empiecen reiterando su compromiso de honestidad total, confidencialidad absoluta y respeto a la originalidad e individualidad del proceso de recuperación de cada persona. Como siempre, celebren la reunión en un lugar que ofrezca comodidad y seguridad, por si alguno llora. Tengan pañuelos desechables a la mano.

Asegúrense de traer su Gráfica de Relación y sus tres listas de categorías para la recuperación (expresiones de "lo siento", perdonar y declaraciones emocionales importantes).

Instrucciones para quien escucha:

1. Siéntate a una distancia razonable. Evita la sensación de estar demasiado cerca de tu compañero, o de no darle suficiente espacio.

2. Como tu papel es escuchar, puedes reír o llorar si fuera apropiado, *pero no hablar.*

3. No toques a tu compañero. Normalmente el contacto detiene las emociones.

4. Recuerda la imagen: eres un corazón con oídos. Esfuérzate por permanecer en el presente y, de verdad, escuchar a tu compañero.

Instrucciones para quien habla:

1. Llegó el momento de que leas tu lista de expresiones de "lo siento", perdones y declaraciones emocionales importantes. No existe la forma perfecta de hacer esto, pero hay un método que funciona para la mayoría de la gente. Empieza con la categoría de expresiones de "lo siento": "Necesito decirle a mi padre que lo siento por las veces que tomé dinero de su bolsillo" o "Siento mucho haber mentido a mi madre cuando llegaba tarde a casa". En este ejercicio estamos reconociendo la necesidad de expresar estos mensajes para poder recuperarnos. En la siguiente tarea realizaremos las acciones de este proceso.

2. Usa la misma técnica con la categoría de aquello que debes perdonar, por ejemplo: "Debo perdonar a mi padre por...". Sigue el mismo procedimiento con la categoría de declaraciones emocionales importantes, por ejemplo: "Debo decirle a mi padre lo mucho que significó para mí...".

3. Si lloras, trata de continuar hablando. Empuja las palabras hacia afuera, déjalas salir. La gente tiende a sofocar sus emociones en la garganta.

4. Cuando termines tus listas, pídele a tu compañero que te dé un abrazo (suponiendo que sea aceptable entre ustedes.) Eviten caer en la trampa de discutir lo que acaban de hacer. Se corre el riesgo de juzgar, evaluar o criticar y de intelectualizar. No lo permitan.

Hagan una breve pausa y después inviertan los papeles, es el turno de que tu compañero haga este ejercicio con sus listas.

Fijen luego un día para la próxima reunión.

Instrucciones para quienes trabajan solos:

Como estás trabajando solo, te podría ser útil usar las gráficas de John y Russell como si fueran tus compañeros silenciosos.

Observa sus gráficas nuevamente; después, analiza la tuya. Nota las similitudes y las diferencias en cuanto a mensajes no comunicados. Si te es posible, agrega más. Sé detallado.

DE DESCUBRIR A SOLUCIONAR

Dado que seguiste todos los pasos señalados en este manual, estás listo para resolver tu pena emocional. Probablemente te familiarizaste con el dolor desde que ocurrió la pérdida en la que estás trabajando. Llegó el momento de sanar tu relación con ese dolor, resolviendo los asuntos que quedaron pendientes entre esa persona y tú.

Siguiendo las sugerencias de bienintencionados amigos o profesionales de la psicología, mucha gente escribe cartas de despedida a quienes mueren. La falta de información correcta es el mayor obstáculo para recuperarse. Escribir una carta de despedida sin el contenido adecuado es otra forma común de información equivocada. Aunque no se sabe cuál es el origen de esta práctica, que viene de tiempos muy antiguos, durante las últimas décadas las cartas de despedida han perdido su objetivo principal: sanar la relación. Tristemente, se convirtieron en una simple recopilación de acontecimientos y emociones, como un boletín informativo. Quienes escribieron este tipo de cartas dicen sentir alivio temporal, pero no a largo plazo. Hemos hablado con personas que escribieron una carta de despedida, pero sin emprender todas las acciones señaladas en este manual. Todos sus esfuerzos por recuperarse fueron en vano. Es esencial para tu recuperación que conviertas el trabajo que hiciste en una *Carta de Resolución* y no en una *Carta de Despedida* o un boletín informativo.

TAREA FINAL: LA CARTA DE RESOLUCIÓN DEL MÉTODO GRIEF RECOVERY®

La Carta de Resolución de la Pérdida Emocional te ayudará a solucionar las emociones que, hasta ahora, están pendientes en tu relación. Esta carta te permite quedarte con los recuerdos que valoras de la relación y sus aspectos positivos. También te deja conservar tus creencias religiosas, en el cielo o la gloria, por ejemplo, y otros principios espirituales.

Ahora podrás desprenderte de todas las cosas que estaban sin solucionar. Podrás decir adiós al dolor asociado con esa relación, incluyendo esperanzas, emociones y sueños que no fueron realizados. También podrás deshacerte de la ilusión de recibir de alguna persona algo que no quiere o no puede darte. Es importante que tengas presente que un adiós marca el final de esta comunicación, *pero no es el final de la relación.*

Finalmente, llegó el momento de que escribas tu Carta de Resolución de la Pérdida Emocional. No queremos que esta carta sea un intento fallido de recuperarte. No es una buena idea que discutas con otras personas lo que haces. Tus amigos y familiares pueden tener buenas intenciones, pero no han hecho ni leído lo que tú sí. Por favor, presta atención a las siguientes instrucciones sobre qué decir y cómo proceder.

Instrucciones generales:

Es mejor que escribas tu carta solo y en una ocasión. Puede ser una experiencia dolorosa y la tentación de evadir el dolor es muy grande. Ya demostraste tu fuerza de carácter, ahora usa esa entereza para escribir la carta. Muchas personas supieron durante años qué tenían que resolver en una relación, pero simplemente no sabían cómo hacerlo.

Instrucciones específicas:

Deja libre, por lo menos, una hora de tu tiempo. La forma más efectiva de escribir tu carta es teniendo frente a ti tu Gráfica de Relación y tu lista de expresiones de "lo siento", perdones y declaraciones emocionales importantes. Mira con cuidado tu gráfica y tus listas, después escribe tu carta. La gráfica y las listas pueden tener muchas cosas repetidas. No es necesario que uses el mismo mensaje varias veces. Trata de consolidar todas esas comunicaciones en esta carta, ve al grano. Los mensajes de tu carta deben centrarse en las categorías de recuperación.

No hay límite sobre cuánto debes escribir, pero la intensidad emocional normalmente se pierde si escribes demasiado. Esta es tu oportunidad para decir las cosas más importantes que callaste durante mucho tiempo. Generalmente, dos o tres hojas son suficientes, pero puedes escribir un poco más un poco menos. Si redactas cinco páginas, deberías preguntarte si estás repitiendo o si convertiste tu carta en un boletín informativo.

Escribir la carta puede o no ser una fuerte experiencia emocional para ti. No te preocupes si no experimentas muchas emociones. Cada persona es diferente y única.

A continuación, te ofrecemos un formato que puede ser útil para tu carta:

Querido papá: (usa el nombre o forma de dirigirte con que identificas a esa persona)

Estuve revisando nuestra relación y descubrí algunas cosas que quiero decirte.

Papá, quiero expresar "lo siento" por....
Papá, quiero expresar "lo siento" por....
Papá, quiero expresar "lo siento" por....

Probablemente tengas más de tres mensajes pendientes en esta sección. Mantenerlos juntos te será de ayuda.

Papá, te perdono por...
Papá, te perdono por...
Papá, te perdono por...

Probablemente tengas más de tres mensajes pendientes en esta sección. Te servirá si los mantienes juntos.

Papá, quiero que sepas...
Papá, quiero que sepas...
Papá, quiero que sepas...

Probablemente tengas más de tres mensajes pendientes en esta sección. Mantenlos juntos.

Terminar la carta

Recuperarse de una pena es solucionar tus emociones pendientes. Para poder resolver todas las emociones que descubriste debes terminar esta carta de forma efectiva.

Cuando hablas con un amigo por teléfono usas la palabra *adiós* para marcar el final de la conversación. Terminaremos esta carta diciendo adiós, así marcaremos el final de esta comunicación.

Para la mayoría de la gente, la forma más adecuada de terminar la carta es simplemente: "Te quiero mucho. Te extraño. Adiós papá".

Sin embargo, tal vez tú no te sientas cómodo diciendo "te quiero mucho" y "te extraño". Si estas frases no representan tus emociones, no las uses. Una alternativa que te puede funcionar es: "Ahora tengo que irme y debo dejar atrás el dolor. Adiós papá".

Puedes crear otras formas de terminar tu carta basadas en lo única que fue tu relación. Lo que debe ser constante son las últimas palabras, "Adiós papá". No decir *adiós* puede anular todo el trabajo que has hecho hasta el momento. *Decir adiós finalmente resuelve y cierra la comunicación.* No la sustituyas por otra. No decir adiós deja la comunicación abierta, arriesgándote a no recuperarte totalmente.

Ejemplos de la Carta de Resolución:

Para ayudarte a que tengas una idea clara sobre cómo escribir tu carta de resolución, te mostraremos ejemplos sacados de las historias que hemos presentado.

Aquí tienes algunos párrafos de la carta de John a su hermano menor, quien murió en 1969.

Querido Dennis:

He revisado nuestra relación y descubrí algunas cosas que deseo decirte.

Dennis, siento haber sido tan brusco contigo cuando rompiste mi arco y mi flecha.

Dennis, siento haberme portado como un instructor militar durante el año que viviste conmigo en California.

Dennis, siento haberme peleado contigo sobre tu posible matrimonio.

Dennis, te perdono por destrozar mi automóvil.

Dennis, te perdono por las cosas que hiciste cuando viviste conmigo en California, como no arreglar tu habitación, no poner gasolina al auto y gastar tanto en llamadas telefónicas.

Dennis, quiero que sepas que aprecié mucho la fiesta de despedida que tú y Bruce me ofrecieron. Que me dijeras lo mucho que me querías fue muy importante para mí. Gracias.

Dennis, quiero que sepas que estaba muy orgulloso de ti.

Dennis, quiero que sepas todas las cosas que me gustaría haberte dicho si hubiera sabido que nunca más volveríamos a hablar.

Dennis, quiero que sepas lo mucho que te quise, lo orgulloso y envidioso que estaba de tu habilidad increíble de tomar una guitarra y tocar una canción que apenas habías escuchado. Quiero que sepas que estaba muy orgulloso de tus habilidades atléticas, especialmente del salto con garrocha.

Quiero que sepas que he estado muy triste, dándome cuenta de que ya no te tengo en mi vida. Me habría hecho muy feliz ver cómo hubiera sido tu vida familiar y tu carrera. Me llena de tristeza que no pudiste ser tío de mis hijos.

Dennis, te quiero, te extraño. Adiós.

A continuación, algunos párrafos de la carta de resolución de Russell a Vivienne.

Querida Viv:

He revisado nuestra relación y descubrí algunas cosas que deseo decirte.

Viv, lo siento por ser tan dominante.

Viv, lo siento por no escucharte y por no considerar lo que tenías que decirme.

Viv, lo siento porque nunca te dije lo mucho que valoraba tus habilidades y todas las cosas positivas con que contribuiste a nuestro negocio. Gracias.

Viv, te perdono por no decirme qué te estaba pasando.

Viv, te perdono por no comprender que no estaba listo para tener hijos y por no esperarme a que lo estuviera.

Viv, te perdono por la forma en que terminaste nuestra relación.

Viv, quiero que sepas que estaba muy orgulloso de mostrarme en tu compañía.

Viv, quiero que sepas que estoy seguro de que eres una madre fabulosa. De vez en cuando me pongo triste por no haber tenido hijos contigo.

Ahora tengo que irme.

Adiós Viv.

NOTA IMPORTANTE:

La información que hay en una carta de resolución es confidencial y privada. Como mencionamos, nunca se debe perdonar ni emitir comunicaciones negativas directamente a una persona que esté viva. La carta de Russell a Vivienne la enseñamos únicamente como ilustración, como ejemplo a seguir. Una carta de resolución nunca debe ser enviada o leída por ninguna otra persona más que tu compañero en el trabajo de recuperación.

ÚLTIMA REUNIÓN: LEYENDO LA CARTA

Comiencen reiterando su compromiso de honestidad, confidencialidad absoluta y respeto a la originalidad e individualidad del proceso de recuperación de cada persona. Como siempre, procuren que la reunión se celebre en un lugar que les ofrezca comodidad y seguridad, por si lloran. Tengan pañuelos desechables a la mano.

Para que puedan ser efectivos en tu recuperación, los mensajes emocionales pendientes deben ser verbalizados y escuchados por otra persona viva. Conocemos personas que llevan al cabo todo lo que les pedimos, excepto leer su carta a otra persona. Los conocemos porque han ido a nuestros seminarios buscando alivio a su pena. Muchos de ellos leyeron sus cartas al lado de una tumba, en el cementerio, pero no tuvieron a otra persona que los escuchara.

Nuestros cerebros son únicos y un tanto tercos. Sin importar nuestras creencias espirituales o religiosas, nuestra mente inconscientemente exige que haya una persona que pueda ser testigo de que hemos expresado nuestras emociones. No estamos tratando de ser intelectuales o místicos, es simplemente que nuestra experiencia práctica nos ha enseñado lo que funciona y lo que no.

Instrucciones para quien escucha:

1. Lo primero que debes hacer es visualizarte como un *corazón con oídos*. Tu trabajo solamente es escuchar y sólo escuchar. Si es apropiado, puedes llorar o reír, *pero no puedes hablar*. Nada de lo que hagas debe implicar algún juicio, crítica o análisis.

2. Siéntate a una distancia cómoda de tu compañero. No queremos que se sienta intimidado. Relájate. Eres un amigo escuchando algo importante.

3. No toques a tu compañero durante la lectura de la carta. A estas alturas, este tipo de contacto puede detener la expresión de emociones. Queremos que las emociones salgan a flote. Tu compañero debe tener pañuelos desechables a la mano.

4. Existe la posibilidad de que te sientas afectado por lo que tu compañero leerá. Simplemente acéptalo. De cualquier forma, ten presente que esto no está relacionado contigo directamente; por lo tanto, trata de mantener tus emociones ligeramente bajo control. Pero, si tus ojos se llenan de lágrimas, no las limpies inmediatamente, ya que darías el mensaje de que es malo llorar.

5. Tu presencia es muy importante para tu compañero. *Debes permanecer en el presente*, aunque tu mente y tu corazón quieran llevarte a otro sitio. Escucha a tu compañero con el corazón abierto.

6. En cuanto tu compañero diga adiós en su carta, ofrécele un abrazo. Tú sabrás cuánto debe durar. No te apresures. Esta carta es la culminación de un trabajo doloroso.
7. Recuerda no analizar, juzgar ni criticar. No es una buena idea hablar sobre esta experiencia. Platicarla puede llevar a análisis, juicio o la intelectualización.

Instrucciones para el lector de la carta:

1. Elige un sitio que te haga sentir seguro. Evita los lugares públicos.
2. Es muy probable que experimentes emociones fuertes al estar leyendo tu carta. Lleva contigo pañuelos desechables.
3. Antes de leer tu carta, prepárate. Cierra tus ojos por un momento. A pesar de que necesitas ser escuchado por tu compañero, tu objetivo es leer la carta a la persona que va dirigida. Si es posible, imagínate a esa persona con quien deseas aclarar tu relación.
4. Abre tus ojos. Empieza a leer tu carta. Tal vez tengas una respuesta emocional a tu lectura. Sea como sea, acéptalo. Si empiezas a llorar, continúa hablando. No te detengas. Tu carta contiene una gran cantidad de emociones que debes expresar. No embotelles tus palabras ni tus sentimientos. Déjalos salir.
5. Cuando llegues al final, antes de que te despidas, cierra tus ojos por un momento, visualiza de nuevo a esa persona y, concentrándote en su imagen, di tus palabras finales. Esto puede estar acompañado de llanto. Si es así, asegúrate de que asimilas lo que estás diciendo, *especialmente al decir adiós*.
6. Recuerda que estás diciendo adiós al dolor y a la pena que te ocasionaron tus emociones pendientes. No estás despidiéndote de los buenos recuerdos ni de tus creencias espirituales.

Despídete del dolor, de todo lo que no dijiste, de la pena, la soledad y la confusión. Despídete de la relación física que tuviste y que ya no existe, o que ha cambiado. Si lloras, acéptalo de buena gana y hazlo hasta que te sientas satisfecho. Si no lloras, también acéptalo. Para que de verdad te recuperes, es esencial que digas adiós.

7. Tan pronto termines, pide a tu compañero que te dé un abrazo. Es probable que necesites uno largo. No trates de limitar su duración. Quizás llores un buen rato, si es así, acéptalo de buena gana. Probablemente estuviste guardando todo ese dolor por un buen tiempo. No apresures tus emociones.

Para quienes trabajan solos:

Te recomendamos que encuentres a alguien de "confianza" que te ayude y esté dispuesto a escuchar tu carta. Esa persona puede ser un amigo, un familiar, un terapeuta, un representante religioso o cualquier persona a quien puedas explicar algunas reglas básicas. Cuando encuentres a la persona adecuada, muéstrale las "Instrucciones para quien escucha" (detalladas en el punto anterior). Pregúntale si quiere seguirlas al pie de la letra. También pídele que se comprometa a guardar confidencialidad absoluta.

Algunas personas nunca encuentran a alguien que puedan considerar de confianza. No queremos aumentar tus problemas pidiéndote que hagas algo que no quieras hacer.

Si debes leer la carta sin la presencia de otra persona, adelante. Leer la carta solo, ante algún objeto que te recuerda a la persona, una foto o al lado de una tumba, puede tener cierto valor. Una idea útil es leer tu carta ante una grabadora. No destruyas la carta. En el futuro podrías encontrar una persona a quien le tengas la suficiente confianza y leérsela.

¿QUÉ SIGNIFICA RESOLVER TU RELACIÓN?

Una vez que realizaste todas las acciones y leíste tu carta, completaste todo lo que debías hacer. Solucionaste tus emociones al cien por ciento. Solucionar significa que descubriste y expresaste todos los asuntos pendientes en tu relación hasta este momento. No significa que nunca más te sentirás triste como tampoco será que jamás serás feliz de nuevo. Resolver tus relaciones pasadas te permite experimentar de nuevo la amplia gama de emociones que los humanos sentimos. Significa que no estarás sintiendo lo mismo una y otra vez.

En tu vida diaria habrá muchas cosas que te recuerden a la persona que falleció o a tu ex cónyuge. Esos pensamientos y sensaciones vendrán acompañados de emociones. Algunas serán positivas, amorosas y alegres. Otras serán negativas, tristes e incómodas. Esto es normal. No lo resistas, simplemente observa lo que sientes. *Si experimentas emociones negativas sin resistirlas, pasarán.* Si tratas de enterrarlas o esconderlas, te pueden ocasionar sufrimiento.

Sugerimos que seas consciente de tus emociones en el momento en que se presentan. ¿Qué significa esto y cómo se hace? Imagínate que estás de pie al lado de un acuario gigante de cristal. Estás ahí con un amigo mirando los peces. Conforme éstos pasan uno a uno, tú reaccionas. Primero, un hermoso pez azul nada frente a ti. Sus aletas tienen la suavidad de la seda y se mueven graciosamente de lado a lado. Miras a tu amigo y le dices: "¡Vaya! ¿Has visto algo tan hermoso en tu vida?". En cuanto terminas de decir esto, un tiburón enorme nada hacia ti, sus múltiples y horribles dientes brillan amenazadores. Das unos pasos hacia atrás, asustado, como si el tiburón pudiera alcanzarte. Dices a tu amigo: "¡Qué miedo! Tengo el corazón a mil por hora". Justo en ese momento un cardumen de plateados pececillos se mueve frente a ti. Son tan graciosos y pequeñitos que parecen hojitas de luz moviéndose en el agua. Por lo menos son mil peces, girando y avanzando sincronizados, como si obedecieran a una sola mente que los controla. Estás fascinado y dices: "¿Por qué se mueven así, en grupo? ¿Cómo es posible que no choquen unos con otros?".

En el ejemplo anterior procesaste cada emoción en cuanto se presentó. En el primer momento admiraste la belleza del pez azul. Después sentiste miedo al ver el tiburón y las imágenes que trajo a tu mente. Al final, estabas maravillado y confundido con el artístico movimiento sincronizado del banco de peces.

En cada situación experimentaste y expresaste una emoción a la vez. En el ejemplo, el movimiento de los peces te lleva de una emoción a otra. En la vida real, a veces nos quedamos estancados en una emoción o regresamos continuamente a una sensación que experimentamos tiempo atrás. Cuando te des cuenta de que estás reviviendo una emoción antigua, recuérdate a ti mismo que es mejor ver pasar los peces y responder a las siguientes emociones cuando surjan.

ESTANCADO EN UNA IMAGEN DOLOROSA

Una de las experiencias más dolorosas que puede sufrir alguien es la muerte violenta de un ser querido. Pudiste presenciar el accidente o ver sus efectos inmediatamente después. Quizás ver fotos de la escena o tener sólo las imágenes que tu mente creó de ese hecho. En cualquier caso, esas imágenes persiguen a algunas personas incesantemente, como si nunca fueran a desvanecerse. Tal vez guardes imágenes dolorosas de las últimas horas, días o semanas de vida de tu ser querido, en la difícil etapa final de una enfermedad mortal. Con frecuencia, la devastadora naturaleza de algunas enfermedades altera tanto la apariencia de una persona que es difícil reconocerla.

Muchas personas, tratando de ayudar a un amigo, le recomendarán no pensar en ello. Es prácticamente imposible. Creemos que es mejor reconocer que las imágenes son en realidad horribles y dolorosas. Creemos también que debemos recordar a la persona que sufre que tiene muchas otras imágenes disponibles.

No todos tenemos una muerte plácida, como poéticamente nos gustaría. Una mujer compartió con nosotros los recuerdos, con todo detalle, de la última noche de su esposo en el hospital.

"Esa debe ser una imagen final horrible para ti", le respondimos. Después le preguntamos: "¿Recuerdas la primera vez que viste al hombre que se convertiría en tu esposo?". Ella respondió que sí. "Cuéntanos, ¿cómo era?". Al empezar a hacerlo, surgieron bellas imágenes de él.

Todos tenemos miles de imágenes de las personas que amamos. Algunas son maravillosas y felices. Otras son negativas y tristes. En ocasiones las imágenes finales son muy dolorosas, como cuando una enfermedad o un accidente han alterado la imagen de la persona. Reconociendo que esas imágenes finales son dolorosas e incómodas, podemos conseguir que otros recuerdos surjan. Cada vez que acumulamos esos recuerdos dolorosos debemos reconocer lo que está pasando.

Aceptar que hay imágenes dolorosas y preferir recordar otras, no niega ni minimiza las primeras. Cuando se permite a los dolientes expresar lo que están sintiendo, los recuerdos dolorosos empiezan a disiparse más rápidamente. Esto permite que la relación pueda ser revisada en su totalidad, no solamente su final.

¿QUÉ HACER CON LOS NUEVOS DESCUBRIMIENTOS? LA VENTANA DE COLE

Esta es una de nuestras historias favoritas sobre qué hacer cuando descubrimos algo nuevo sobre una relación en la que ya hemos trabajado.

Cuando Cole, el hijo de John, tenía ocho años, él y sus amigos jugaban béisbol en el jardín a la entrada de la casa. John enseñó a los niños a ponerse de lado a las casas para que no rompieran los cristales de las ventanas, en caso de que tiraran mal una bola. Todo iba bien, hasta que un día los niños se olvidaron del consejo. Cole tiró una pelota con tal fuerza que rompió una ventana grande en la casa del vecino.

Al llegar a casa, John le pidió a Cole que dijera la verdad sobre lo que había pasado. Cole explicó el accidente, como sólo un pequeño de ocho años puede hacerlo. El sonido de las bocinas, los ladridos de perros y los rayos del sol contribuyeron al drama, sumados al hecho de que Cole y sus amigos se olvidaron de jugar alejados de las ventanas.

A mitad de la historia, John se dio cuenta de que había dejado de escuchar a Cole y en su lugar estaba pensando cómo lo castigaría. Preocupado por sus pensamientos, le pidió a Cole que interrumpieran la conversación por unos minutos y saliera a jugar. Mirando al cielo, John preguntó: "Dios, ¿de dónde saqué la idea de querer que mi hijo, a quien adoro, asocie decirme la verdad con ser castigado?". En un santiamén, John supo la respuesta. La imagen del padre de John apareció en su mente tan clara como el agua.

John se dio cuenta de que acababa de descubrir otro asunto emocional pendiente en su relación con su padre. Tomó papel y pluma y escribió:

Papá:

Estaba escuchando a mi hijo Cole, a quién quiero más de lo que puedo expresar con palabras. Es uno de los nietos que no alcanzaste a conocer. Mientras me decía la verdad sobre algo que sucedió con una ventana y una pelota, dejé de escucharlo y me empecé a preparar para castigarlo. He estado preguntándome qué pasó. Acabo de darme cuenta de algo: cuando yo tenía su edad, ya no te decía la verdad, por que cada vez me castigabas. Y me castigabas duramente, me lastimabas.

Papá, no quiero que mi hijo asocie decir la verdad con recibir castigos. Debo romper el círculo que creaste al hacerme daño. Debo perdonarte por haberme lastimado cada vez que te decía la verdad. Te perdono para tener la libertad de actuar diferente con mi hijo. Te perdono para ser totalmente libre de decir la verdad y ayudar a que mi hijo haga lo mismo.

Ahora tengo que irme. Te quiero. Adiós papá.

Una vez que escribió esta carta a su padre, John se sintió listo para hablar con Cole. Le dijo que las acciones tienen consecuencias y fue con él a ver al vecino, ayudándole a que se disculpara. Elaboró un sencillo programa para que Cole y sus amigos ganaran algo de dinero para poder pagar el cristal. No hubo ningún castigo.

Había una acción más que John debería llevar a cabo para estar en paz completamente con este hecho. La mañana siguiente, al llegar al Instituto Grief Recovery, John le pidió a Russell que desconectara los teléfonos y lo escuchara por favor. Después de leer la carta, recibió un abrazo de Russell. John había completado su comunicación al leer su carta a una persona real. Nosotros seguimos los mismos procedimientos que te recomendamos. Cada nuevo descubrimiento debe ser reconocido, solucionado y leído a otra persona. Estas acciones dejan espacio para que el siguiente asunto aparezca.

AYUDA ADICIONAL CON LAS GRÁFICAS DE RELACIÓN Y LAS CARTAS DE RESOLUCIÓN

Ya que terminaste por lo menos una Gráfica de Relación y una Carta de Resolución del Dolor Emocional©, puedes aplicar esas acciones a otras pérdidas. Esta edición contiene material adicional bajo el encabezado *Más en Elegir y Otras Pérdidas*, que comienza en la página 167. Encontrarás lineamientos para pérdidas que se refieren a:

- Muerte de padre o madre cuando eras pequeño.
- Ausencia de padre o madre por divorcio, adopción.
- Pérdida de bebé, infertilidad.
- Seres queridos con Alzheimer o demencia.
- Creciendo en hogares con alcoholismo o alguna otra disfunción. Es decir pérdidas intangibles de confianza, de seguridad y de la niñez.
- Pérdidas relativas a la fe religiosa, la salud, la carrera profesional, una mudanza.

Tomar acción con respecto a todas estas pérdidas que te han afectado incrementan los beneficios recibidos al usar este libro.

13

¿Y Ahora Qué?

Ya resolviste una relación, pero aún te queda trabajo por hacer.

Cuando hiciste tu Historia Gráfica de Pérdidas te pudiste dar cuenta que tienes varias relaciones pendientes por resolver. Sugerimos que empieces inmediatamente. Tu meta es que obtengas la libertad emocional que te dará solucionar todas tus pérdidas anteriores.

Haz una lista de todas las relaciones en las que crees que tienes asuntos pendientes. La mayoría de las personas tienen tres o cuatro relaciones que pueden beneficiarse de este proceso. Recuerda que tus relaciones con personas vivas se ven afectadas por todo lo que cargas encima procedente de otras relaciones difíciles. Si trabajaste con un compañero, te recomendamos que continúes con esa misma persona.

El proceso es mucho más rápido la segunda vez que lo sigues. Ya no tienes que hacer una Historia Gráfica de Pérdidas. Puedes empezar con la Gráfica de Relación. Es importante que tú y tu compañero recuerden siempre reafirmar su compromiso de ser honestos, guardar esta información confidencialmente y respetar la individualidad.

Después de resolver las otras relaciones pendientes, es tiempo de que vivas tu vida. Los principios y las acciones para la recuperación del dolor emocional son una nueva herramienta que te ayudará cuando tengas que enfrentar pérdidas, desilusiones o cualquier otra experiencia dolorosa. Conviértelas en un hábito a través de la práctica continua.

TRABAJO DE LIMPIEZA

Solucionar nuestras relaciones nos da una nueva perspectiva. Todo se ve distinto porque cambiamos por dentro. Esto se da porque al fin estamos en paz con nuestro pasado, ya que internamente hemos cambiado, ahora nos toca mirar hacia afuera. Necesitarás reajustar el ambiente que te rodea para reflejar tu nueva perspectiva ante la pérdida.

El primer paso en tu trabajo de limpieza será buscar a tu alrededor cosas que te recuerden la pérdida. Anteriormente nos referimos a personas que conservan todas las cosas que le recuerdan a alguien que falleció. Lo llamamos divinizar. Nos aferramos a esos objetos cuando todavía no hemos resuelto la pérdida. Ya no sentirás la necesidad de conservar todas esas cosas, algunas parecerán no encajar con la forma en que ahora percibes la pérdida. Estos son de los que te debes deshacer. Es normal quedarse con algunos objetos o no estar muy seguro de qué hacer con otros.

Algunos amigos, con buenas intenciones, te habrán dicho que te deshagas de todo: ropa, recuerdos, todo. La mayoría de nosotros no quiere llegar a ese extremo. Una mujer que conocimos nos contó el error que cometió al deshacerse de las cosas de su marido. Todos le dijeron que lo hiciera. Ella quería hacer lo correcto. Por eso, un día se bebió cuatro cervezas para darse fuerzas y emprender este trabajo. En su estado de semi embriaguez tiró todo. Se arrepintió al día siguiente, pero ya era tarde.

Antes de que te apresures a tirarlo todo, hagamos un plan que te funcionará. *Si es posible, nunca hagas ninguna de estas acciones solo.*

Deshacerse de ropa: el Plan de los Montones

De las decisiones más dolorosas es qué hacer con la ropa. Una buena forma de decidirlo es usando el Plan ABC. Este procedimiento puede también ser utilizado para otras pertenencias. También se le ha llamado el Plan de los Montones. Te darás cuenta del porqué conforme lo expliquemos.

Recuerda, el objetivo es conservar sólo lo que de verdad quieres. Toma toda la ropa y ponla en la sala. ¿Queremos decir que pongas toda la ropa en medio de la sala? Sí, eso es exactamente lo que queremos decir. Considera pieza por pieza individualmente. Haz tres montones de ropa. Si quieres hablar sobre el recuerdo que alguno de los artículos te trae, díselo a la persona que te está ayudando o llama por teléfono a alguien. Los montones deben ser hechos pensando en lo siguiente:

> Montón A: contiene las cosas que seguro quieres conservar.
>
> Montón B: incluye las cosas que ya no quieres: lo que deseas vender, regalar a algún familiar, o donar a alguna obra de caridad o a tu iglesia.
>
> Montón C: tiene las cosas sobre las que no te has decidido aún. Si tienes aunque sea una duda sobre a qué montón debe ir algo, ponlo en el montón C.

No es preciso correr. Estamos empleando un plan claro que sabemos que funciona. Al estar en medio del cuarto, mirando la ropa, te darás cuenta porqué este método es llamado el Plan de los Montones. A continuación, esto es lo que debes hacer:

- Pon el montón A de nuevo en el ropero.
- Da el montón B a los individuos o grupos que elegiste.
- Guarda el montón C en bolsas o cajas y ponlo en el garaje.

Después, felicítate a ti mismo y da las gracias a tu amigo. Un mes más tarde, saca todas las cosas del montón C, que guardaste en bolsas y cajas, y ponlas en la sala de nuevo. Sigue el mismo procedimiento. Como siempre, ¡nunca lo hagas solo! El montón A es para las cosas que quieres conservar. El montón B es lo que ciertamente ya no quieres. Todo lo demás ira otra vez, en cajas y bolsas, de regreso al garaje. Seguir este procedimiento te ayudará a lograr tu meta: conservar lo que quieres y deshacerte de lo demás. Si es necesario, haz todo de nuevo tres meses más tarde. Acabarás en algún momento.

Una cuenta nueva puede ser la solución

Otro problema al que muchas personas se enfrentan es tener una cuenta de cheques con el nombre de la persona que perdieron. Si no desean cambiar el nombre en la cuenta, está bien. Sin embargo, muchos cónyuges encuentran que hacerlo genera una deseable sensación de independencia. Una vez más, mucha gente ataca este problema por el ángulo equivocado. En vez de eliminar el nombre de esa persona, abre una cuenta nueva sólo a tu nombre. Cada mes, asegúrate de hacer algunas transacciones con tu cuenta nueva. En muy poco tiempo establecerás un nuevo patrón y los viejos cheques no te recordarán constantemente la pérdida. Cuando abras la cuenta nueva, pide a algún amigo que te acompañe, nunca vayas solo.

Cuando llega el aniversario

Aun con todo el trabajo que hiciste, habrá ciertas ocasiones en que te pondrás triste. Esto es porque estableciste muchos patrones de comportamiento con esa persona que ya no está.

Lo bueno es que esas ocasiones son normalmente predecibles. Las llamamos aniversarios y no se limitan a celebraciones convencionales. Cualquier día que tenga un significado especial para ti puede ser considerado como una fecha de aniversario. Como casi siempre sabemos que llegarán, nos podemos preparar de antemano.

Los problemas surgen si tratas de guardar tus emociones en secreto. Existe la tentación de querer pasar estos días en soledad. No lo hagas. Es normal que te sientas triste en los días de aniversario.

Fallecimiento de los famosos

Como secuela de la muerte de la princesa Diana de Inglaterra muchas personas tenían el corazón lastimado. Nuestros teléfonos no paraban de sonar. Fuimos entrevistados por los medios de comunicación nacionales e internacionales, ayudándoles a entender esa masiva expresión de dolor emocional.

La pregunta era: "¿Por qué la gente tiene tal cantidad de sentimientos hacia alguien a quien nunca conocieron?". La respuesta es: *¡Sí la conocieron! Simplemente, nunca se encontraron con ella.*

Como recordarás en nuestros comentarios sobre la muerte de un bebé hablamos de tener una relación emocional con alguien a quien físicamente no hemos conocido todavía. Todos tenemos relaciones emocionales con la gente que admiramos. Pueden ser princesas, futbolistas, actores o bailarines. Todos fantaseamos con conocerlos y pasar tiempo con ellos. Normalmente eso nunca pasa y la mayor parte de nosotros nunca escribirá una carta a esa persona que admira. Cuando ellos mueren, nos quedamos con mensajes emocionales que nunca pudimos comunicarles.

Como es una relación unilateral, probablemente no necesitas hacer una Gráfica de una Relación. Pero sí debes escribir una Carta de Resolución de la Pérdida Emocional. Dile a la persona que falleció cuánto la apreciabas. Dile que estás triste porque nunca se encontraran, razón por la cual nunca le pudiste decir esto en persona. Recuerda terminar tu carta diciendo: “Te quiero (si te parece apropiado), te extrañaré, adiós”. Si es posible, lee tu carta a algún amigo.

CUARTA PARTE

Más en Elegir y Otras Pérdidas

Como respuesta a muchas preguntas al paso de los años, estamos encantados de presentar material adicional que mejorará tu habilidad para manejar las pérdidas que has sufrido en la vida. Esta nueva parte contiene dos secciones.

La primera sección es ***Más en Elegir***, que proporciona ayuda adicional para seleccionar en qué pérdida trabajar primero.

La segunda sección es ***Guía para Trabajar en Pérdidas Específicas***, que contiene información acerca de pérdidas relacionadas con:

- Muerte de un padre cuando eras pequeño.
- Ausencia de un padre por divorcio, adopción.
- Pérdida de un bebé, infertilidad.
- Seres amados con Alzheimer o demencia.
- Creciendo en un hogar con alcoholismo o alguna otra razón disfuncional (se refiere a pérdidas intangibles de confianza, seguridad y de la niñez).
- Pérdidas relacionadas con la fe religiosa, la carrera profesional, la salud, la mudanza de casa.

14

Más en Elegir: En Qué Pérdida Trabajar Primero

Elegir en qué pérdida trabajar primero es más importante de lo que podría parecer en principio. Aun cuando la pérdida que te acercó a este libro pueda ser reciente y te ocasione un gran dolor, no siempre es la mejor primera selección. Lo explicaremos mejor con esta pregunta: ¿Si fueras a construir una casa, construirías primero el techo? De ser así, ¿qué sostendría ese techo? Usando las respuestas obvias a esas preguntas, con frecuencia sugerimos que la gente vaya hacia atrás y trabaje en sus relaciones fundamentales, aun si no son la causa del dolor actual. Hay un beneficio real al trabajar esas relaciones primero, pues algunos elementos son acarreados al presente, afectando las relaciones más recientes.

COMIENZA CON LAS RELACIONES QUE RECUERDES

No es raro que las personas busquen este libro por la muerte de alguno de sus padres cuando eran muy pequeños, o como una consecuencia de la división familiar por la pérdida de contacto con uno o ambos padres. Aun otros que fueron adoptados en edad temprana, pueden sentirse incompletos pues no conocen a sus padres biológicos. Mientras que la muerte o ausencia de un padre o los misterios que rodean una adopción pueden ser un evento determinante y definitorio en la vida de alguien, casi nunca es el lugar correcto para comenzar a tomar las acciones para superar sus pérdidas emocionales.

Hay muchas razones para no comenzar con la muerte de un padre u otras pérdidas de contacto. La más obvia se relaciona con la edad, cuando la muerte o separación familiar sucedieron. Si la muerte sucedió entre el nacimiento y los seis años de edad, vas a tener un número limitado de memorias conscientes acerca de los padres ausentes y de las relaciones que tuviste con ellos. Las cosas que te sucedieron en los primeros años de vida, especialmente antes del inicio de la memoria consciente, son difíciles de acceder con algún grado de precisión. Es casi imposible crear una Gráfica de Relación realista con memorias que están enterradas por debajo del consciente. También es peligroso depender de las opiniones de otras personas y reportes de sucesos anteriores al inicio de tus recuerdos.

Sugerimos que primero trabajes las relaciones con esas personas con quienes tienes los mayores recuerdos conscientes. Generalmente, será con tus padres o quienes te criaron. No estamos minimizando la posibilidad de que la ausencia de un padre sea la pérdida que más haya afectado tu vida. Sólo es que hemos visto a mucha gente fallar cuando tratan de hacer la Gráfica de la Relación con alguien a quien difícilmente pueden recordar, antes de haber aprendido las técnicas de *Superación de Pérdidas Emocionales.* Lo que suele suceder es un simple recuento de lo mal que se han sentido por la ausencia de esa persona en sus vidas.

Hacer las Gráficas de Relación y escribir las Cartas de Resolución de Pérdidas Emocionales te ayudará de muchas maneras. Te ayudará a descubrir y superar lo que se encuentra emocionalmente incompleto en esas relaciones. Esto es cierto sin importar si dichas relaciones fueron buenas, malas o mixtas, y aun si esas personas están o no vivas. Esto tendrá gran beneficio para ti más adelante, cuando trabajes al padre que faltó en tu vida.

Cuando realices este trabajo debes recordar que en la mayoría de las situaciones cuando murió un padre, el progenitor que sobrevivió también estaba sufriendo la pérdida emocional. Lo mismo se aplica para los dos en un divorcio. No es irrazonable suponer que tu padre tenía conocimientos limitados sobre cómo procesar su propio dolor y ayudarte en tus emociones acerca de la pérdida. Los niños aprenden observando lo que hacen sus padres. Al mirar hacia atrás, puedes darte cuenta de que copiabas lo que uno o ambos padres hacían. Algo de lo que hicieron fue útil para comunicar su dolor, pero es probable que la mayor parte haya limitado tu habilidad para manejar la pérdida. Debes reconocer lo que aprendiste de ellos, para descartar lo que no ayuda y tomar acciones efectivas para superar el dolor.

OTROS ASUNTOS EN LA PRIMERA ELECCIÓN: ELECCIONES ESCONDIDAS O DISFRAZADAS

En la página 113, en la cuarta instrucción de selección, indicamos que la mejor persona/relación para que trabajes primero puede ni siquiera aparecer en tu Historia Gráfica de Pérdidas. No es raro que un padre alcohólico o que haya sido difícil en algún otro sentido aparezca porque causó tanta alteración en tu vida. La pérdida oculta con frecuencia es tu relación con el otro padre, quien puede no aparecer en tu gráfica, especialmente si él o ella aún viven. Aunque pueda no ser obvio, el otro padre frecuentemente representa una relación con gran número de asuntos pendientes. Esto sucede, en parte, porque el otro padre está mucho más presente en tu vida y porque sus propias reacciones ante las pérdidas emocionales por el cónyuge difícil pudieron haber sido fuente de problemas para ti. Los arrebatos asociados con el padre problema pueden acaparar mayor atención cuando reflexionas sobre tu vida, pero con frecuencia es el otro padre la "primera" mejor elección.

Muerte de un cónyuge o divorcio – Comienza por el principio

Algunas personas son atraídas a este libro por la reciente muerte de su cónyuge. Pero si has hecho el trabajo preliminar en este libro, puede ser que caigas en la cuenta de que tienes asuntos pendientes en las relaciones con tus padres u otras personas que afectaron tu vida. Te puede resultar benéfico que regreses al pasado y trabajes en las relaciones con tus padres antes de ocuparte en la relación con el cónyuge que murió. Cuando trabajas en esas relaciones previas, descubres cosas que serán valiosas más adelante. Considera que lo que trajiste a tu matrimonio fue producto, en buena medida, de lo que aprendiste como ejemplo de tus padres o como una reacción a ellos.

La misma idea es cierta si fuiste atraído a este libro por un divorcio reciente o por el fin de una relación romántica. Es especialmente valioso para ti regresar y considerar tus relaciones raíces, lo que te dará mayor claridad. Te ayudará a ser más honesto acerca de ti mismo en esa relación, en vez de estar totalmente enfocado en lo que tu ex cónyuge hizo o no y que afectó al matrimonio. En efecto, te permitirá ver el equipaje emocional que trajiste al matrimonio.

Es tu elección, por supuesto, la pérdida que trabajarás primero, sin embargo considera la posibilidad que la que trabajes inicialmente sea alguna de tus relaciones más tempranas. Ten en mente que finalmente tendrás que tomar acciones para superar pérdidas emocionales en todas las relaciones importantes que afectaron tu vida.

15

Guía para Trabajar Pérdidas Específicas

MUERTE O AUSENCIA DE UN PADRE DESDE EDAD TEMPRANA

Si experimentaste la muerte o ausencia de uno de tus padres cuando eras joven, esperamos que siguiendo nuestra sugerencia hayas realizado tus Gráfica de Relaciones y tus Cartas de Resolución de Pérdidas Emocionales acerca de las relaciones con las personas que te formaron de niño. De ser así, ya estás listo para enfrentar tu relación con el padre que murió o desapareció de tu vida.

Los principios para hacer la Gráfica de Relación y convertirla en las categorías de superación, así como para escribir las Cartas de Resolución de Pérdidas Emocionales aún son adecuados. Las instrucciones para la Gráfica de Relación están en las páginas 129-133. Por favor regresa a leer las instrucciones antes de comenzar (para aquellos que fueron adoptados, pueden usar los mismos principios para trabajar en relación con los padres biológicos que no conocieron).

Mencionamos que la gente con dolor tiende a agrandar sus recuerdos, en los cuales divinizan o satanizan a la persona que murió. Existe la tendencia en niños pequeños con un padre difunto o que desapareció de sus vidas, a crear grandiosas fantasías acerca de él, casi siempre positivas. Debido a que existe tan fuerte inclinación de divinizar (o en ocasiones satanizar) al padre ausente, queremos repetir una instrucción específica: "Para que seas realista y evites divinizar o satanizar, te recomendamos tengas al menos dos eventos positivos y dos negativos". Te sugerimos esto para que te sea posible recrear el recuerdo más exacto de tu relación con dicho padre.

Muchas personas comentan la dolorosa historia de su pérdida una y otra vez. No se dan cuenta que el estar recitando una letanía general de infelicidad es una de las principales razones por las que se quedan atorados. Existen dos claves principales para lograr el éxito y superar la relación con el padre que murió o se marchó. La primera es enfocarse en los eventos y no eventos específicos que recuerdes, así como en las emociones que tenías y que aún tienes acerca de ellos. Esto te ayudará a salirte "relatar la historia", que es lo que te mantiene atrapado. La segunda clave es evitar un análisis intelectual de lo que te pasó como resultado de esta muerte o ausencia.

Comenzando tu gráfica

Tu Gráfica de Relación con el padre faltante comienza con el primer recuerdo que tengas de él, suponiendo que tengas alguno. Existe la posibilidad de que no tengas recuerdos de él. Tan triste como esto suena, tienes que ser honesto. Pudiste oír historias o ver fotos, pero si no tienes recuerdos reales, usarás tu primer recuerdo (ve la página 99) como el punto de inicio de tu Gráfica de Relación.

Uno de los obstáculos al hacer la Grafica de la Relación con alguien que no estuvo es que involucra cosas que no sucedieron. Es bueno recordar tu primer recital o partido de fútbol en que tu padre ausente no estaba. Puede ser que estuviste muy consciente de esa ausencia. Te puedes haber sentido distinto a los otros niños, pues ellos tenían a sus dos padres. Puede que no te sintieras seguro de platicar acerca de ello con el padre que te criaba y que pensaras que si lo hacías, te sentirías muy triste. Este tipo de situación pudo haber pasado muchas veces en eventos importantes en tu vida y puedes haber tenido toneladas de sentimientos acerca del padre ausente, sentimientos que se quedaron atrapados en ti. Ten en cuenta que esos eventos no se limitan únicamente a la niñez. Muchos de los recuerdos tristes son por los días de graduación o bodas que se ven afectados por la ausencia del padre que naturalmente hubiera estado en los eventos relevantes de tu vida.

También es posible que después de un tiempo aprendieras a dejar de lado ese tipo de sentimientos, y casi pareciera que no te molestaba el hecho de que no estuviera presente el padre faltante. Lo que es más probable es que sin importar qué tan bueno te volvieras para evadir esos sentimientos, aún te seguían afectando. Uno de los propósitos primarios para realizar las acciones de Superación de Pérdidas Emocionales es superar lo que está pendiente, de forma que ya no tengas que empujar fuera esos sentimientos.

Crea tu Gráfica de Relación acerca del padre faltante enfocándote en eventos específicos de tu pasado y observando tus respuestas emocionales. Hay un rango casi ilimitado de cosas que pasaron y no pasaron en la relación con el padre faltante que pudieron haberte afectado. Aquí hay una corta lista de ejemplos:

- Cumpleaños y otras fiestas.
- Primer diente que se cayó.
- Primer día de escuela.
- Recitales de música, eventos deportivos, etc.
- Primer novio o novia.
- Pleitos con el padre presente.

Por supuesto, al ir creciendo, las cosas que pasaron pudieron haber sido distintas, pero los sentimientos de no tener al padre ausente para compartirlos pueden aún ser muy poderosos.

De la Gráfica de Relación a los Elementos de Superación y de ahí a la Carta de Resolución del Dolor Emocional

Cuando termines tu gráfica, con los recuerdos más antiguos hasta el momento presente, será el momento de convertir lo que pusiste en la Gráfica en elementos de recuperación: La lista de "Lo siento", perdonar, y declaraciones emocionales importantes. Por favor, regresa y relee las instrucciones para convertir tu Gráfica de Relación en los elementos de superación, en las páginas 136-143.

Además de esas instrucciones, hay que entender que cada declaración emocional negativa que hagas tiene que venir acompañada de un perdón. Si no, simplemente estás recitando el dolor sin lograr la superación. Muchas personas hacen la declaración dolorosa pero se brincan el perdón y los asuntos pendientes se mantienen inconclusos. Un ejemplo sería: "Mamá, por no cuidar tu salud, te fuiste permanentemente de mi vida. De muchas maneras, tu ausencia ha hecho mi vida miserable". Para concluir asuntos emocionales pendientes beneficioso añadir: "Y yo te perdono para poder quedar libre".

Después de convertir tu Gráfica en elementos de recuperación, es hora de escribir tu Carta de Resolución del Dolor Emocional. Sigue las instrucciones de las páginas 145-151. Mantén el formato. Funciona perfectamente bien en estas relaciones, así como en las otras. Cuando hayas terminado el trabajo, busca un compañero que te escuche (de preferencia la misma persona con la que has estado trabajando) para que le leas la gráfica y la carta. Utiliza las instrucciones de lector y de quien escucha en las páginas 152-154.

PÉRDIDA DE BEBÉ E INFERTILIDAD

Si tienes un bebé que murió o no has podido tener hijos, por favor regresa a leer las páginas 130-131. Tiene una sección especial llamada **Primer recuerdo – muerte de un bebé**. Te ayudará a entender cómo comenzar la Gráfica de Relación con un bebé que concebiste pero que nunca nació, o nació muerto, o nació y vivió muy poco tiempo. Aunque esto pueda parecer enfocado en la mamá, el proceso también funciona para papás que tienen sus propias emociones sobre las cosas que pudieron haber pasado de forma distinta o mejor, así como sus esperanzas, expectativas y sueños individuales acerca de la relación que iban a tener con ese bebé.

Las directrices generales que señalamos en las secciones previas acerca de la muerte o ausencia de un padre se aplican también a esta situación, ya que estás considerando a alguien que ni siquiera tuviste oportunidad de conocer, aun cuando ya habías establecido una relación emocional con él o ella. Esto último también se aplica a la infertilidad, aun cuando nunca haya ocurrido un embarazo. Establecemos estas relaciones con el niño que deseamos y acerca del cual tenemos esperanzas y sueños. Es importante "vivir y superar el dolor" respecto a la relación con el sueño de tener tu propio hijo. Esto te permitirá tomar una decisión distinta, posiblemente la de adoptar. También puedes elegir no hacerlo, pero el punto es que primero tienes que superar tanto como sea posible la pérdida de tus sueños previos, para así tomar nuevas decisiones.

A algunas personas que concibieron un hijo que no nació o no vivió nunca se les sugiere poner nombre al bebé. La Gráfica de Relación y la Carta de Resolución de Pérdidas Emocionales te darán la oportunidad de darle nombre al bebé con quien habías desarrollado una relación. Lo mismo aplica con aquellos quienes trabajan con la infertilidad. No hay razón por la cual no se le pueda dar nombre al bebé que desearon tener. Aunque no lo hayas concebido, ciertamente tenías una relación con él. Darle nombre a ese bebé te puede ayudar con la gráfica y la carta.

ALZHEIMER-DEMENCIA

Una de las situaciones más difíciles de soportar es perder gradualmente a alguien importante para nosotros, especialmente si aun se ven y escuchan como la persona que conocimos. La historia típica involucra a una madre que desciende al extraño mundo de la demencia o el Alzheimer, dejando a su hija adulta en su propio limbo. Al principio la madre olvidaba ocasionalmente el nombre de la hija y otros detalles acerca de ella. Cuando la madre sigue en su caída, la hija continúa tratando de recuperar a la mamá que acostumbraba. Pero eso no sucede. Lo que pasa es que la situación empeora. Finalmente, llega a comentar "Te ves como una mujer muy agradable. ¿Cómo te llamas?".

Al empeorar la condición, la hija se siente más y más frustrada, y finalmente deja de visitar a la mamá, pues para ella es demasiado difícil verla. Un año después de la última visita, la hija recibe una llamada, avisándole que su madre murió. La tristeza por la muerte de la madre se complica por el remordimiento de haberla dejado sola en la casa de retiro hasta que murió. Esta es una tragedia evitable, por lo menos en la parte de dejar a la mamá sola y perdida en la residencia.

Por supuesto, el mejor momento para actuar es tan pronto como te des cuenta de que alguien importante para ti está en las etapas tempranas de Alzheimer o demencia. Pero puedes hacer la Gráfica de Relación y la Carta de Resolución de Pérdidas Emocionales en cualquier momento, usando las instrucciones en las páginas 115-154. Aunque el proceso de la gráfica no cambia, la clave es separarla en dos partes distintas. La primera abarca desde tan lejos como puedas recordar, hasta el inicio de la condición que le impide ser como antes. Escribe una Carta de Resolución de Pérdidas Emocionales para esa relación. Cuando llegues a la parte del "adiós" en tu carta, recuerda que te estás despidiendo de la relación que tenías hasta ese momento, para que puedas empezar una nueva con base en los cambios que le están sucediendo a la otra persona.

En la segunda sección, harás la Gráfica de Relación con la persona transformada. Pueden existir un sinnúmero de eventos frustrantes y sus consecuentes emociones. Quizás tengas que expresar algunos "lo siento" si no has sido tolerante y comprensivo con lo que le está pasando a la otra persona. También puede ser necesario que otorgues varios perdones por la forma que esa persona te ha hablado o tratado. Y probablemente existan dolorosas declaraciones emocionales acerca de lo difícil que ha sido para ti ver a esta persona escaparse a su mundo.

Si ya hiciste una Gráfica de Relación y una Carta de Resolución de Pérdidas Emocionales acerca de esa persona, comienza tu nueva gráfica en el inicio de tu consciencia de la condición. La libertad que obtendrás al tomar las acciones que completen la vieja relación te permitirá continuar pasando tiempo con la persona a quien amas, aun cuando ya no sea de la forma en que la conociste.

CRECIENDO EN UNA FAMILIA CON ALCOHOLISMO O CUALQUIER OTRA FORMA DISFUNCIONAL

Crecer en una familia con alcoholismo o cualquier otra forma disfuncional, o donde uno o ambos padres tienen enfermedades mentales, es una pérdida mayor. No te limites únicamente a ocuparte de la persona alcohólica o de la enferma mental. Te sugerimos que trabajes a todas las personas involucradas en tu vida familiar y hacer Gráficas de Relación y Cartas de Superación de Pérdidas Emocionales separadas para cada persona, siguiendo las instrucciones de la gráfica y la carta en las páginas 130-154.

Pérdidas Intangibles

Sabemos que pasan cosas horribles en hogares abusivos y con ellas varias pérdidas intangibles pueden suceder. Aquí hay unos cuantos ejemplos:

Pérdida de la normalidad: ser forzado a soportar y manejar cosas que no tienen ningún sentido, especialmente para un niño.
Pérdida de confianza: Un niño no puede mantener ningún sentido de confianza en un ambiente desequilibrado.
Pérdida de la seguridad: la irracionalidad asociada con el abuso del alcohol o con la enfermedad mental hacen que la seguridad sea imposible. Una de las mayores pérdidas de haber sido sujeto a situaciones de abuso de alcohol o enfermedad mental es un sentimiento generalizado de *pérdida de la niñez.* Es posible que tú detectes todas esas pérdidas.

También es probable que te hayan seguido afectando, especialmente en relaciones íntimas, que están basadas en la confianza y la seguridad. Desafortunadamente, no puedes superar esas pérdidas intangibles sólo con darte cuenta de su existencia. Tendrás que trabajar extra para reconstruir el sentido de la confianza y seguridad que pudiste haber tenido cuando eras muy pequeño, pero que perdiste en el camino (Nota: alguna o todas esas pérdidas intangibles pueden suceder también en lo que aparenta ser un hogar "normal").

Al empezar a convertir cada Gráfica de Relación en Elementos de Superación, mantén esas pérdidas intangibles en mente. Necesitarás realizar Declaraciones Emocionales Importantes y perdonar para comunicar la mayor parte de ellas. Un ejemplo sería: "Papá, nunca pude traer a ningún amigo a la casa por tu hábito de beber. Nunca me sentí seguro y no tuve confianza de que no me avergonzarías. Nunca me sentí parte de un hogar normal. Al mirar hacia atrás, al estar siempre alerta, es como si no hubiera tenido niñez. Te perdono para poder quedar libre".

Estas breves oraciones incluyen todas las pérdidas que hemos mencionado.

Hemos indicado que a veces la gente sólo se enfoca en el alcohólico y pierden de vista la influencia del otro padre, quien puede haberles impactado en formas diversas. En un ambiente en que era inseguro traer amigos a casa porque el papá estaba siempre ebrio, también pueden haber sido las respuestas de mamá las que eran un problema igual o mayor. La comunicación con mamá podría ser: "Mamá, tus reacciones ante mi papá y su forma de beber eran tan frenéticas que vivía como si una bomba nuclear estuviera a punto de explotar en cualquier instante. Nunca me pude relajar y, aun como adulto, estoy en constante estado de alerta máxima a pesar que nada es inseguro a mi alrededor. Te perdono que me inculcaste un constante estado de catástrofe y condena. Te perdono para poder quedar libre".

TRASTORNO DE ESTRÉS POSTRAUMÁTICO

A lo largo de éste libro nos hemos abstenido de usar términos de diagnóstico o etiquetas para definir las pérdidas que producen sentimientos de duelo. Pero como "Trauma" y "Trastorno de Estrés Postraumático" se han vuelto de uso común, muchas veces sin que sean entendidos completamente, decidimos que nos íbamos a referir a ellos en esta edición.

Trauma y Trastorno de Estrés Postraumático Son Términos Generales acerca del Impacto de las Pérdidas, el Duelo es Nuestra Reacción Específica ante esas Pérdidas

En relación con el duelo y el duelo no resuelto, tanto el trauma como el Trastorno de Estrés Postraumático son términos generales. Los vamos a definir para explicar la mejor manera de usarlos para ayudarte a descubrir y recuperarte de las pérdidas específicas con las que hayan contribuido o causado.

La palabra "trauma" no es nueva-- ha sido usada desde hace mucho tiempo. En un sentido físico primario, el Diccionario de Etimologías en Línea (OED), la rastrea hasta los 1690's, y lo define como "Una herida, una lastimadura; una derrota." Claro que es bastante fácil aplicarle un aspecto emocional o psicológico a cada una de esas tres palabras. Pero en un contexto estrictamente emocional, la palabra trauma se empieza a usar en 1894, definida en el OED como una especie de "herida psíquica, una experiencia poco placentera que causa un estrés anormal." Generalmente, ese es el significado que la mayor parte de las personas le atribuyen a la palabra trauma hoy. El uso de la palabra "estrés" en esa definición ayuda a pavimentar el camino para el más reciente uso de la frase Trastorno de Estrés Postraumático[2].

En la terminología moderna, Merriam Webster define trauma como: *a.]* una lesión (como una herida) en un tejido vivo por un agente extrínseco b.] una enfermedad psíquica o conductual resultante de un severo estrés emocional o una herida física c.] un malestar emocional.

El Trastorno de Estrés Postraumático [TEPT] es un poco más complicado de definir, es una adición mucho más nueva a nuestro lenguaje y uso. El diccionario de Merriam-Webster da una definición simple del Trastorno Postraumático: *una condición mental que puede afectar a una persona que ha tenido una experiencia muy impactante o extremadamente difícil (como pelear en una guerra) que se caracteriza por depresión, ansiedad, etc.* Aquí hay una definición expandida del mismo diccionario: *una reacción psicológica que ocurre después de experimentar un evento extremadamente estresante (tal como combate en una guerra, violencia física o durante un desastre natural) que generalmente está caracterizada por depresión, ansiedad, revivir experiencias, pesadillas recurrentes, y el tratar de evitar los recuerdos del evento.*

Hay muchos términos diferentes que llevaron a la formación de la frase *Trastorno de Estrés Postraumático*, que se empezó a usar

2 El nombre del padecimiento en inglés Post Traumatic Stress Disorder, PTSD

apenas en 1980. La mayor parte de sus referencias previas eran por el impacto de la guerra y como afectaba al personal militar que se encontraba sujeto a una constante amenaza contra su vida y su integridad física. Desde 1678, los variados términos que se incluyen son: Nostalgia; Corazón de Soldado; Shock de Batalla; Shock de Bombas; Cansancio de Guerra; Neurosis de Guerra; Agotamiento por Guerra; Reacción a Stress Aumentado; Reacción Post Combate en Vietnam y últimamente Trastorno de Estrés Postraumático.

Claramente se ve que las referencias anteriores están relacionadas con el combate y con la guerra, son la alta posibilidad de morir en cualquier momento. Pero como probablemente lo sabrás, la frase Trastorno de Estrés Postraumático ahora se usa comúnmente para definir casi cualquier cosa que nos suceda. Sin tomar en cuenta las definiciones, puedes usar los principios y las acciones en este libro para ayudarte a manejar el impacto de cualquier experiencia que siga afectándote sin tener que tomar en cuenta su origen.

Es interesante notar que, en algunas ramas militares actuales, se rechaza el uso de la palabra "Enfermedad" asociada al Trastorno de Estrés Postraumático, refiriéndose a este solamente como Trastorno de Estrés Postraumático, quitándole el calificativo de "Enfermedad".

Para nuestros propósitos, no cambiaremos el acrónimo, y si usaremos nuestra idea básica de "duelo es la reacción normal y natural ante una pérdida de cualquier tipo". Con eso en mente, se puede pasar a ejecutar las acciones de recuperación descritas en este libro y aplicarlas a las relaciones con las personas que afectaron tu vida, usando el lenguaje de pérdidas detallado en la siguiente sección llamada Cambiando el Trauma y el Trastorno de Estrés Postraumático a las Categorías Específicas de las Pérdidas.

Etiquetar las Pérdidas como Trauma y Enfermedad de Trastorno de Estrés Postraumático te aleja de la Recuperación

Para nuestros propósitos vamos a dividir los temas relacionados al trauma y el Trastorno de Estrés Postraumático en dos categorías generales. Mas adelante lo refinaremos en términos más específicos.

Primero está el constante maltrato y abuso que una persona puede haber experimentado muchas veces desde una edad temprana y que ha sido recurrente de manera constante por un largo período –muchos meses o años. Esto no quiere decir que el maltrato solo ocurre en la infancia, pero para muchas personas ahí es donde empieza, ya que los niños no tienen la capacidad para defenderse o alejarse de la situación. Sí, esas experiencias de vida son traumáticas y se puede decir que provocan Enfermedad de Trastorno de Estrés Postraumático, si se aplica el sentido actual de esa frase.

Segundo, está el impacto de un evento que ocurre una sola vez. Uno de éstos puede ser una violación, que claramente tendrá un impacto de repercusiones físicas y emocionales de largo plazo [muchas veces permanentes]. Otro es haber estado involucrado o haber sido testigo de algún accidente horrible, de un asesinato o de cualquier otro incidente en el que presenciaste eventos difíciles de ver, y que con el solo pensar acerca de ellos, o de sus recuerdos asociados, te acosan. Las imágenes televisivas constantes, después del 11 de septiembre de 2001, pueden ser un ejemplo de algo que viste y que todavía te impacta. Esos eventos son traumáticos y el impacto que pudieron tener en ti se puede definir como TEPT - otra vez, utilizando los términos actuales.

Si puedes aceptar la idea de que el trauma y el Trastorno de Estrés Postraumático son etiquetas o definiciones amplias, entonces puedes reconocer que necesitamos redefinirlas correctamente en términos específicos como pérdidas. Es difícil moverte más allá del impacto de esas pérdidas cuando las etiquetas generales actúan como escudo contra tu recuperación. Esto no es para sugerir que los eventos traumáticos a los que te has expuesto no hayan afectado tu vida masivamente, ni para negar que hayan afectado fuertemente tu capacidad de bienestar y felicidad. La tarea a la mano es guiarte en el uso de un lenguaje correcto que te ayude a estar emocionalmente completo con los eventos que te afectaron y los sentimientos de pérdida que estos causaron.

Antes de enseñarte como convertir las ideas generales relacionadas con eventos traumáticos en impactos específicos de pérdidas, queremos mencionar algunos desastres naturales y no-naturales que te pudieron afectar directa o indirectamente.

La repetitiva cobertura televisiva de desastres naturales como huracanes, tornados y tsunamis, son extremadamente gráficas y pueden dejar imágenes indelebles en nuestro cerebro. Las personas que vivieron esos eventos en persona y que consiguieron sobrevivir, pueden verse afectadas en un diferente grado al nuestro que solo las vimos a través de la televisión. Aunque no las atestigüemos en persona, mirarlas en la televisión, o en cualquier otro medio, nos puede aterrar por mucho tiempo.

La cobertura de los medios de eventos no-naturales como el 11 de septiembre, o como el ataque en la escuela de Columbine, también envía imágenes horribles que son traumáticas al mirarlas. En el mundo actual esas imágenes, que son mostradas de manera incesante en la televisión y otros medios, pueden afectar nuestra sensación de confianza y seguridad en el mundo en que vivimos.

Tenemos que separar los eventos recurrentes de los que suceden una sola vez porque el uso de las acciones del Método Grief Recovery varía hasta cierto punto al abordarlas. En la próxima sección el ejemplo que usaremos es el de una persona maltratada repetidamente por un familiar a lo largo de varios años.

NOTA: Aunque algunas personas experimentan muchos eventos singulares, cada uno de ellos puede afectarles dramáticamente, esos eventos normalmente no son relaciones perdurables, como cuando se sufre el maltrato de una o más personas. Por lo tanto, se usan diferentes aspectos del Método Grief Recovery para manejarlos. Lo explicaremos con más detalle en el capítulo titulado **"El Impacto de Eventos Singulares Aislados."**

Convirtiendo el Trauma y el Trastorno de Estrés Postraumático en Categorías Específicas de Pérdida

Las personas en duelo generalmente usan los términos Trauma o Trastorno de Estrés Postraumático para describir sus reacciones ante un amplio rango de eventos y experiencias que les han ocasionado problemas emocionales y psicológicos.

Algunas veces aprenden esos términos de profesionales, o de documentales en la televisión, pero la mayoría de las veces los adquieren al leer artículos en revistas o libros sobre esos temas. Muchas veces usan el que han aprendido a "auto diagnosticarse", aplicando esos términos a sus personas y limitando con esto sus posibilidades de recuperación.

Cuando los dolientes usan esos términos, normalmente parafrasean lo que nos dicen con palabras más directamente conectadas con la pérdida y el duelo, para poder tener una idea más clara de lo que nos tratan de decir. Antes en este capítulo hablamos de las *pérdidas intangibles* que pueden producir sentimientos recurrentes como resultado de crecer en un ambiente de alcoholismo o de alguna otra manera disfuncional. Las pérdidas intangibles que mencionamos eran: *de la confianza, de la seguridad, de la normalidad* y *de la infancia.* Como algunas experiencias dolorosas podemos agregar: *pérdida del control sobre nuestros cuerpos* y *pérdida de la aprobación.*

Aquí hay un ejemplo de cómo podemos ayudar a alguien que está tratando de hacernos entender que fue afectado por lo que llaman trauma o TEPT:

- Doliente: "Experimenté un trauma (o TEPT) como resultado de haber sufrido abuso sexual de parte de mi abuelo desde los 6 hasta los 14 años."
- Especialista Grief Recovery: "Si, debe haber sido muy traumático para ti. Me puedo imaginar que experimentaste

una *pérdida de la confianza,* una *pérdida de la seguridad* y una *pérdida del control* de tu propio cuerpo."

- Doliente: "¡Si! – así es exactamente como me afectó, además de otras formas, pero nunca había oído que me lo dijeran de esa manera antes."
- Especialista Grief Recovery: "¿Puedes recordar de que otras maneras te afectó?"
- Doliente: "Sí, ahora que estamos hablando de esto, me doy cuenta de que para cuando empecé a salir con muchachos, me sentía dañada y como si no fuera lo suficientemente buena."
- Especialista Grief Recovery: "Que manera tan terrible de empezar esa época de tu vida, con una *pérdida del valor* de quien y de lo que eras. ¿Le pudiste contar a tus padres o a alguna otra persona?"
- Doliente: "¡Claro que no! Mi abuelo siempre me amenazaba con lastimarme si le decía a *alguien."*

Cuando ves el ejemplo, te das cuenta de que se lleva de la generalidad del Trauma/TEPT y del lenguaje de abuso o maltrato hacia las pérdidas específicas causadas por el maltrato del abuelo. Todo esto está contenido en la relación con el abuelo quien era el abusador.

Al leer esa sección, probablemente notaste que mencionamos varias pérdidas diferentes; de confianza, de seguridad, de control del cuerpo, y de valor. La pérdida de un sentimiento de valor también puede ser percibida como una pérdida de aprobación, especialmente en la infancia.

El Método Grief Recovery se enfoca esencialmente en guiarte a trabajar en la relación en la que sucedió el abuso o el maltrato; y en el padre/madre, cuidador u otra persona que no se dio cuenta – no creyó o no te escuchó cuando le dijiste lo que pasó.

Puedes usar el ejemplo anterior para descubrir cuales son las relaciones específicas que necesitas abordar, y que pérdidas representan para ti. El cambio de diagnosticar o etiquetar con palabras —como trauma o TEPT— al lenguaje relacionado con las pérdidas, te guía y ayuda a completar lo que estaba y puede seguir incompleto por los eventos y experiencias traumáticas que han afectado negativamente tu vida.

En muchas situaciones, pone en evidencia que las relaciones con tu madre y/o padre – quienes no se dieron cuenta de lo que pasaba, o que se dieron cuenta, pero cerraron los ojos- también deben ser abordadas. Eso puede ser un poco complicado, porque la ausencia de conocimiento específico acerca de si realmente sabían o no lo sabían o si sospechaban algo, te pueden dejar pensamientos y sentimientos de que fallaron en protegerte y en ese caso los debes perdonar.

AVANZANDO DEL DESCUBRIMIENTO A LA RECUPERACIÓN

El impacto del maltrato del abuelo causó pérdidas de la confianza, seguridad, control del cuerpo y un sentimiento constante de "daño" y de "no ser lo suficientemente buena". Cada pérdida necesita abordarse en una Gráfica de Relación, que deberá convertirse en Categorías de Recuperación y, finalmente, en una Carta de Resolución sobre el abuelo. [Los Capítulos 11 y 12 describen los detalles de esas acciones.]

No es necesario decir que, las categorías principales de recuperación que se utilizarán para abordar algunos de los eventos específicos serán Declaraciones Emocionales Importantes y Perdón. Recuerda que no ayuda recitar, ni en la gráfica ni en la carta, una letanía de las muchas muchas veces que fuiste maltratada. Es mejor mencionar tres o cuatro eventos específicos, señalando como te afectaron y después emitir el perdón.

Después de hacer eso, puedes emitir un perdón colectivo para todas las veces que te lastimó, como, por ejemplo: "Te perdono por todas y cada una de las veces que me lastimaste. Te perdono por amenazarme que no debería decirle nunca nada a nadie. ***Te perdono para poder ser libre."***

Eso te ayudará a sentirte más completa emocionalmente, y te pondrá en la ruta de la mayor liberación posible del pasado.

Retomando la Necesidad de Moverse de lo General a lo Específico para Facilitar la Recuperación

Cuando un profesional de la salud mental [o cualquier otra persona] usa las palabras trauma o TEPT para definir la reacción de alguien al maltrato, inadvertidamente le da a la persona un escudo para esconderse. Como resultado, las más de las veces no hacen nada para completar las relaciones dolorosas con sus recuerdos de las personas o los incidentes que causaron esos sentimientos. Solamente siguen repitiendo que padecen de TEPT o que son víctimas de un trauma.

Como hemos dicho, el trauma y TEPT son términos muy generales y no definen ni explican el impacto de los eventos que los causaron, tampoco clarifican los sentimientos de pérdida y duelo que engendran. El ejemplo de parafrasear que usamos demuestra que tan efectivo es ayudar a los dolientes a descubrir lo que es verdad para ellos, quienes son los únicos que saben lo que sintieron y sienten.

La clave es moverse de lo general a lo específico, con la meta clara de descubrir y completar lo que se dejó inconcluso como resultado de lo que te hicieron. Esto no está limitado a ayudarte a completar la relación con la persona que te lastimó, sino también con frecuencia te ayuda a completar la relación con los padres, cuidadores, u otras personas que no se dieron cuenta o que no intervinieron, y, tristemente – muy seguido- con aquellos que no te creyeron o no te ayudaron cuando se los dijiste.

Para ser claros, los eventos que producen esos sentimientos de pérdida son reales y tangibles. Usamos la palabra tangibles simplemente para diferenciarlos de las muertes, divorcios y otras pérdidas específicas.

EL IMPACTO DE EVENTOS AISLADOS Y ÚNICOS

Las acciones del Método Grief Recovery se prestan extremadamente bien para ayudar a los dolientes a manejar los efectos actuales de incidentes ocurridos dentro de la relación con una persona o personas conocidas, sin importar si las relaciones son buenas, malas o mixtas.

Pero el Método tiene un valor limitado cuando los eventos son aislados y únicos que muchas veces son increíblemente traumáticos. Un caso que viene al caso es una violación – en la que la víctima no conoce y muchas veces ni siquiera ve al atacante. Como se pueden imaginar, es imposible elaborar una "gráfica de relación" con alguien que no conoces.

En esas situaciones, un aspecto del Método que puede ser de ayuda es el concepto y la acción del perdón en la forma en que se presenta en el libro en las páginas 138-140. Sabemos que muchas personas simplemente retroceden con solamente la sugerencia de perdonar al agresor en las secuelas inmediatas a la violación. Pero esto es porque no entienden el verdadero significado y aplicación del perdón como una forma de deshacerse del resentimiento que experimentan. El perdón no es ni para el agresor ni tampoco acerca de él. Es para la persona que fue lastimada por sus acciones.

Al mismo tiempo, no sugerimos que la víctima de una violación [o de cualquier otro incidente violento] no deba estar extremadamente enojada. Tampoco sugerimos que es necesario ser cortés al tomar la acción indirecta de perdonar al perpetrador y describir como te afectaron sus acciones.

Por ejemplo, una comunicación indirecta con el violador puede verse como:

"¡Imbécil, te odio por lo que me hiciste! Me aterrorizaste y me robaste la confianza y la seguridad. Violaste mi cuerpo, sexual y físicamente. He tenido mucha dificultad para confiar en alguien –ni aún en mí misma - ahora. No puedo vivir el resto de mi vida guardando este resentimiento que tengo hacia ti. Te perdono para poder ser libre. Pero ese perdón es para mí, para poder reconstruir mi vida. Más que otra cosa, espero que la autoridad te arreste, te juzgue y te encuentre culpable para que te encierre para siempre. ¡Adiós!"

Esa minicarta necesita ser leída en voz alta a alguien a quien le tengas confianza. Y si es necesario que lo hagas, aunque la confianza no te sea fácil en este momento. El que te escuche necesita comprometerse a una confidencialidad total y a no compartir su contenido –o la existencia- de la carta con nadie.

Muchas personas nos preguntan que deben hacer con su carta una vez que la han leído a alguien. Hay opciones. Te puedes deshacer de ella cuidadosamente, para que no caiga en las manos de alguien más. La puedes quemar para representar simbólicamente el fin y un nuevo comienzo. Aunque no se considera prudente la puedes conservar, pero siempre en un lugar totalmente seguro.

¿ES SUFICIENTE UN PERDÓN?

Aunque hayas tomado las acciones para elaborar una Gráfica de Relación y una Carta de Resolución a gran escala acerca de alguien que ha jugado un papel en tu vida, o si has escrito una minicarta como en el ejemplo anterior, te puedes haber preguntado si el elaborar un perdón escrito y verbalizado es suficiente. Después de todo considerando que el contenido de una Carta de Resolución puede representar la acumulación de toda una vida de dolor continuo relacionado con lo que te hicieron, puede parecer demasiado sencillo para ser todo lo que necesitas y que, puf, seas libre.

Es un hecho que solo perdonar una vez raramente es suficiente. No hay una caducidad para el perdón, no importa si se relaciona con eventos traumáticos o con la etiqueta de Trastorno de Estrés Postraumático. Puedes otorgar perdón tan seguido como lo necesites. De hecho, deberías perdonar cada vez que tu cabeza te ataque con recuerdos de lo que te sucedió. De otra manera te sigues aferrando al resentimiento que te daña. El perdón es el último camino hacia la libertad, y te permite readquirir la habilidad de confiar en los demás y en ti mismo.

Como se relaciona con el perdón continuo: la mayor parte del tiempo solo necesitarás perdonar en tu cabeza, para darte tiempo de regresar al tiempo real. Pero, algunas veces, especialmente cerca del comienzo de este trabajo, puede ayudar el escribirlo y contactar a quien te escuchó originalmente y verbalizarle el perdón. Eso se puede hacer por teléfono, seguros de que nadie escucha tu comunicación. Siempre recuerda que el perdón es para ti y para tu libertad.

NOTA: Al concluir esta sección, por favor no interpretes que estamos diciendo que no fuiste tremendamente lastimado por las acciones únicas o recurrentes de alguien más. Tampoco debes creer que estamos tratando de negar o de minimizar la realidad de lo que sufriste. Al contrario, estamos tratando de darte una manera de dejar de volver a experimentar el dolor aun cuando los eventos sucedieran hace mucho tiempo. Para ayudarte a estar más claro en por que debes emprender estas acciones, por favor revisa las páginas 62-66 con el encabezado ¿Quién es Responsable? Explica como muchos de nosotros aprendimos a culpar a otros de nuestros sentimientos, lo que nos hace incapaces de asumir la responsabilidad de nuestra reacción ante los eventos que nos afectan. La palabra clave en esa oración es "reacción", porque es la única cosa con la que podemos trabajar.

SITUACIONES ESPECIALES DE GRÁFICAS DE PÉRDIDAS: FE, CARRERA, SALUD, MUDANZA

A través de los años, con frecuencia nos han preguntado sobre crear Gráficas de Relación para pérdidas que no parecen caber adecuadamente bajo los encabezados obvios, como muerte y divorcio. Entre las más comunes son las preguntas de cómo graficar la relación con la pérdida de la fe, la pérdida o cambio de carrera, la pérdida o cambio de salud, o incluso las de mudarse de casa. Pareciera ser que esas pérdidas están más relacionadas con nosotros mismos que con otras personas. Pero cuando te mostremos cómo elaborarlas, verás que tienen una alta correlación con las personas que son o fueron importantes en tu vida.

Estamos a punto de empezar a enseñarte cómo tratar con algunas de las pérdidas recién mencionadas. Antes de tratar de resolver tu relación con alguna o todas estas pérdidas, debes tomar todas las acciones referidas anteriormente. Esto es especialmente importante en relación con las personas que directamente afectaron tu vida. Sin el fundamento básico, los intentos de solucionar estas u otro tipo de pérdidas tienden a ser intelectuales y analíticos. Sin embargo, si sigues nuestra guía, puedes alcanzar un mayor grado superación emocionalmente con cualquier pérdida que afecte tu vida.

Esta sección se refiere a tres de las áreas más importantes en la vida: fe, salud y carrera. La primera, pérdida de la fe, está muy detallada. Aun si no tienes un asunto de pérdida de la fe, por favor lee esta sección. Te proporcionará un patrón para cualquiera de las otras áreas que siguen: salud y carrera profesional.

Pérdida de la Fe

Hay dos formas comunes en las que puedes haber experimentado la pérdida de la fe en Dios o en tu religión. Una es un evento trágico específico que causó un abismo en la fe que asocias primariamente con Dios. La otra es una pérdida acumulativa de fe durante un largo tiempo, con frecuencia asociada no sólo con Dios, sino con los dogmas y las creencias de tu religión, el clero, tu familia y otras asociadas con la iglesia. El darte cuenta de la pérdida puede haber sido el resultado del último evento en una serie de decepciones que relacionaste con Dios, o con los principios y personas involucradas.

Sin importar lo que sea que te haya causado la pérdida de la fe, te mostraremos cómo resolver tus asuntos emocionales pendientes. Con esas herramientas puedes sentirlos resueltos tanto con Dios como con cualquier persona, evento o institución que hayan causado o contribuido a tu pérdida de fe. Comienza en la Gráfica de Relación con tu fe. La gráfica te ayudará a identificar cuáles elementos se relacionan directamente con Dios y cuáles con las personas que asocias con tu ruptura o pérdida de fe. La gráfica de la fe es un conjunto de mini Gráficas de Relación con las personas que afectaron esa parte de tu vida y también con Dios.

Revisión de las instrucciones para hacer gráficas. Antes de comenzar tu gráfica, regresa a revisar el capítulo 11, páginas 115-133, en el apartado Cómo hacer una Gráfica de Relación. Cuando recuerdes los eventos y personas, pon experiencias positivas o felices sobre la línea de la gráfica y las negativas o dolorosas bajo la línea. En algunos de los eventos que recuerdes, tus reacciones serán sobre lo que pasó o no pasó y cómo afectó tu relación con Dios, tanto positiva como negativamente. Añade los nombres de cualquier persona involucrada, así como el año aproximado en que ocurrió. No te preocupes si no te acuerdas de algunos nombres, fechas o detalles exactos.

Comienza tu gráfica mediante el retroceso a tus recuerdos más tempranos respecto a la religión. Esto incluye:

- Tus padres
- Sacerdotes, rabinos o ministros (el clero)
- La escuela dominical y los maestros de la escuela dominical o del catecismo
- La iglesia, templo o mezquita (de aquí en adelante sólo diremos iglesia)
- Los dogmas de tu iglesia

En cierto momento probablemente comenzaste a aprender los dogmas de tu religión. Te puede haber gustado lo que estabas aprendiendo, o quizás no. Puedes haber pasado periodos cuando los cuestionabas. Si tenías fuertes ideas y sentimientos acerca de esos principios religiosos y espirituales, ponlo en tu gráfica. Es altamente probable que sean parte de lo que te ha afectado. Una queja que hemos oído es que durante la infancia, algunos niños ven que los líderes de la iglesia no siguen los preceptos que enseñan. Si tuviste esa experiencia, puede ser parte de una pérdida de confianza la que contribuyó a tu pérdida de fe, si no en Dios, por lo menos en las personas que te enseñaban acerca de Él.

También es importante si le dijiste o no a alguien lo que viviste, y si acaso esa persona dijo o hizo algo para ayudarte. Todo eso forma parte de tu relación con la fe y debe aparecer en tu Gráfica de Relación.

Cuando concluyas la gráfica tendrás que convertir lo que descubriste en los tres elementos de superación: expresiones de "lo siento", perdones y declaraciones emocionales importantes. Para revisar cómo hacerlo, relee el capítulo 12, de la página 136-143. Al transformar cada una de las entradas en tu gráfica en uno o más de los elementos de superación, verás cuáles se tienen que dirigir a Dios y cuáles a las personas involucradas. Tómate tu tiempo y dedícale algo de energía a convertir tus descubrimientos en los elementos adecuados. Entre más completo lo hagas, más efectiva será tu Carta de Resolución de Pérdidas Emocionales.

Pueden existir personas con quien tuviste una relación limitada, pero hacia quienes te sientes agradecido por su influencia o guía con respecto a asuntos religiosos. Puede que no sean necesarios encontrar "lo siento" o perdones, sólo el deseo de decir "gracias", que es una declaración emocional sencilla, pero poderosa.

Revisa las Instrucciones para escribir la carta. Cuando hayas terminado de convertir tu gráfica en los elementos de superación, debes de escribir tu Carta de Resolución de Pérdidas Emocionales. Antes de comenzarla, revisa las instrucciones que comienzan al final de la página 145 y continúan hasta la 151. Pon particular atención a la página 147, la que te recordará consolidar los elementos recurrentes en tu gráfica para que no los repitas en tu carta. Pasa entonces tu lista de comentarios editada de los elementos de superación y conviértelos en tu Carta de Resolución de Pérdidas Emocionales. Ten en cuenta que como esta carta va a estar dirigida a muchas personas y a Dios, tendrás una carta dirigida en direcciones múltiples; es buena idea empezar cada comentario con el nombre de la persona si lo recuerdas. Usarlo te ayudará a distinguir a quién se dirige tu comentario y, más tarde, añadirá una emoción valiosa cuando leas tu carta en voz alta.

Como tienes cosas que decirles a muchas personas, además de Dios, tendrás una carta apuntando en múltiples direcciones. Ésta abarcará a todas las personas y relaciones que aparecieron en tu gráfica, incluyendo a Dios. Es como un árbol con muchas ramas, con cada una de las personas y eventos involucrados como parte de la pintura total. Te recomendamos empezar la carta con una variación de la frase sugerida para el inicio de tus otras Cartas de Superación de Pérdidas Emocionales. Te sugerimos que pongas: "Estoy revisando la relación con mi fe y Dios, así como con las personas asociadas con mis experiencias religiosas, y en el camino, descubrí algunas cosas que necesito decir".

Es muy probable que tus primeros ingresos se relacionen con tus padres, los que se reflejarán como los primeros eventos en la gráfica. Aquí hay unas declaraciones posibles cuando tus recuerdos sean positivos: "Mamá, gracias por enseñarme acerca de Dios y del cielo. Recuerdo cuando era niño que me daba seguridad conocer esas cosas que me dijiste. Mamá, gracias por llevarme al catecismo y animarme a leer la Biblia".

Por otro lado, si tus memorias no son positivas, puedes decir: "Mamá, te perdono que me forzaras a ir al catecismo. La maestra era verdaderamente mala y me asustaba si no creía lo que ella decía. Mamá, te perdono que no me hayas ayudado cuando te lo platiqué".

Estos son ejemplos sencillos de los lados positivos y negativos. Tus recuerdos pueden no ser tan concretos de uno u otro lado, o ser mixtos. Puedes tener sentimientos distintos hacia tu padre o tu madre, por lo que puedes hacer tus comentarios a cada uno en tu carta.

La siguiente entrada en la carta puede ser para la maestra del catecismo, hacia quien puedes tener sentimientos positivos, negativos o mixtos. Haz los comentarios a esos sentimientos en las categorías adecuadas. Como dijimos, puedes no recordar los nombres o las fechas, pero no dejes que eso te detenga. Lo importante es lograr las comunicaciones emocionales pendientes, de forma indirecta, a las personas que te afectaron de uno u otro modo en lo que se refiere a tus creencias religiosas. Pudiste agradecerles a tus maestros o los miembros del clero cuando algo sucedió, pero ahora tienes la necesidad de expresarlo un poco más fuerte: "Padre Juan, quiero que sepas cuánto me ayudaron tus enseñanzas en la vida y cómo le han servido a mis hijos. Gracias". El mismo estilo puede ser usado cuando tienes algo negativo que decir, pero tiene que incluir el perdón. Por ejemplo: "Sr. Gómez, recuerdo estar asustado cuando me enseñabas acerca del diablo. Ese miedo ha permanecido conmigo gran parte de la vida. Te perdono para poder librarme de él".

Aquí debemos mencionar que muchas personas pueden estar enojadas con Dios. Especialmente cuando algo malo les sucedió a ellos o a alguien importante. Puedes estar enojado con Dios, pero estar incómodo de tener ese sentimiento. Puedes sentir la necesidad de perdonar a Dios, pero temer con la idea que "perdonar" a Dios es una falta de respeto. El problema es que si estás abrigando resentimiento contra Dios por cosas que pasaron o no pasaron, lo tienes que perdonar o nunca quedarás libre para reconstruir tu confianza en él. Aun si renovar tu fe no te interesa, no tiene ningún caso cargar con el resentimiento quemándote el corazón y el alma.

Por otro lado, puedes tener declaraciones importantes que comunicar. En esos casos donde crees que Dios ha estado contigo en una dificultad, podrías decir: "Dios, gracias por caminar conmigo y con mi familia cuando sufrimos las muertes de nuestros primos en el accidente automovilístico". Esa es una forma genérica de decirlo. Usa tus propias creencias y tu propio lenguaje para decir lo que es importante para ti.

Sabemos que hay muchas creencias distintas para comunicarse con Dios y no estamos sugiriendo que nadie haga algo que le incomode. Con esa advertencia en mente, recomendamos que le digas a Dios lo positivo y lo negativo de la forma más directa posible, ya sean los "lo siento", perdones o declaraciones emocionales importantes. Mientras más directamente comuniques esas ideas y sentimientos, mayor recuperación podrás sentir.

El cierre de la carta. El final, al igual que el saludo, normalmente se dirige a muchas personas y a Dios. Hay tantas maneras de cerrar esta carta como el número de personas a quien se dirige. No podemos poner suficiente énfasis en la importancia de decir adiós al final de esta carta, como todas las otras Cartas de Superación de Pérdidas Emocionales. Sí, sí estamos sugiriendo decirles adiós a Dios y a todos los demás a quien la carta está dirigida. Sin embargo, recuerda que decir adiós no significa que la relación termine, sino que esta comunicación está concluida. Un método es emitir un comentario general para todos los involucrados, que puede ser algo como: "Ya me tengo que ir, dejaré ir el dolor que asocié con Dios, con la religión y con cualquiera de las personas involucradas. Adiós". O puede ser que quieras dirigir tu cierre a Dios y a algunos de los individuos seleccionados. Está bien, es tú decisión. Solo acuérdate de decir adiós al final.

Una vez que escribiste tu Carta de Resolución de Pérdidas Emocionales, la última pieza del rompecabezas es leerla, en voz alta, a alguna persona de confianza. Usa las instrucciones de quien escucha y del lector en las páginas 151-154. Es esencial que quien te escucha haga el compromiso de absoluta confidencialidad acerca de la carta que le estás leyendo.

Pérdida de Carrera Profesional – Cambios de Carrera

El formato para tratar con los asuntos de la carrera profesional sigue el mismo camino que acabamos de mostrar para tratar con los asuntos de la fe. Si no leíste la última sección, por favor regresa y hazlo. Esto facilitará seguir las siguientes instrucciones.

Tu relación con asuntos de la carrera comienza con tus primeras tareas como niño. Esto supone que tuviste algunas tareas asignadas, pero si no, eso es importante también. Puedes haber recibido una mensualidad relacionada con esas tareas. De ser así, se debe incluir en la gráfica. También comenzarás a acordarte y notar lo que hacían o no hacían tus padres con relación al trabajo. ¿Eran constantes o no? ¿Demostraban "ética de trabajo"? Si vienes de un hogar donde sólo el padre trabajaba, ¿tomaba en serio el trabajo del hogar tu madre y con ello te daba un buen ejemplo de cómo se hacen las cosas? Si tu madre trabajaba y tu padre se quedaba en casa, las mismas preguntas son relevantes. Todas las observaciones que hiciste en tu niñez, buenas o malas, contribuyen en tus creencias y en tu sentir con respecto al trabajo o tu carrera.

Llena tu gráfica cronológicamente, pasando de la niñez a la edad adulta, y sigue hasta el presente. Pasarás de tareas a trabajos, como cortar el pasto o cuidar bebés, y comenzarás a recibir dinero por tu trabajo. Después de los dieciséis años pudiste haber tenido un trabajo en tu comunidad. Al graficar tu carrera, tal vez hubieron jefes, supervisores y colegas. Algunos te simpatizaban, otros no. Algunos te trataron bien, otros no. Todo eso entra en tu gráfica. Cuando termines la gráfica, la convertirás a los eventos y personas en una o más de los elementos de recuperación y prepararás las declaraciones que harás en tu Carta de Resolución del Dolor Emocional. Aquí hay un ejemplo que podrías dirigir a tu jefe cuando eras un adolescente: "Por años te he guardado rencor por haberme mandado a mi casa el día que llegué tarde. Pero fue una lección que aprendí realmente. Desde entonces, tomo mis compromisos seriamente y siempre llego a tiempo. Te perdono que me hayas regresado a casa y te agradezco que me enseñaras una lección de vida muy valiosa".

No es raro en el mundo corporativo actual haber sido despedido o liquidado en una reestructuración, aun siendo un buen empleado. Con frecuencia, la comunicación acerca de tu liquidación fue realizada sin tomar en cuenta, en apariencia, tu bienestar o tu reacción emocional. Con ello en mente, el perdón es con frecuencia un gran elemento para superar los asuntos emocionales.

Cuando estés listo para escribir tu Carta de Resolución de Pérdidas Emocionales puedes usar el formato abierto para comenzar tu carta: "Revisé la relación con mi carrera profesional y encontré algunas cosas que deseo decir". Como mostramos en la sección de la fe, tu gráfica y carta girarán sobre una serie de relaciones con muchas personas, aquellos que han afectado tu vida de trabajo. Uno de los asuntos comunes en la materia de la carrera es que nuestras esperanzas, sueños y expectativas laborales no siempre se cumplen. Usa tu Carta de Resolución para decirle "adiós" a los viejos sueños, lo que te permitirá crear nuevos que sí serán alcanzables.

Como con otras superaciones, no podemos dejar de enfatizar lo importante que es decir "adiós" al fin de la carta. Una forma es emitir un comentario general dirigido a todos los involucrados que puede ser como sigue: "Me tengo que ir, quiero dejar partir todos los dolores asociados con mi carrera profesional y con cualquiera de las personas involucradas. Adiós".

Pérdidas en la Salud – Cambios en la Salud

Esta sección, como la última, está basada en las mismas ideas que mostramos en la sección de pérdida de la fe al principio de este capítulo. Por favor, tómate el tiempo de regresar y leer esa sección para que tengas idea del formato que también funciona para trabajar asuntos de salud.

Una vez más te llevaremos al principio, tu principio. Queremos que grafiques tu relación con tu persona física. En tu niñez, ¿eras deportista?, ¿bailabas?, ¿hacías muchas actividades físicas? Si la respuesta a cualquiera de esas preguntas es sí, empezar tu gráfica será relativamente sencillo. Te acordarás de las cosas que te gustaba hacer. Y recordarás a las personas con quienes las hacías. Nota: posiblemente no recuerdes todos los nombres de las personas con quienes jugabas, o no recuerdes exactamente cuándo hiciste ciertas cosas. Está bien. Estamos más interesados en las emociones de placer, o dolor, que tenías al usar tu cuerpo.

Al crecer un poco y empezar a madurar pudiste haber tenido un sentido positivo o negativo de tu cuerpo, cómo se veía, lo que pensabas que otros percibían acerca de ti. También pudiste haber tenido muchas enfermedades o condiciones que te limitaban para jugar o usar tu cuerpo, aun para ir de excursión, andar en bicicleta o nadar. En la medida que las disfrutabas, habrá un sentimiento de pérdida cuando ya no realizas esas actividades.

Si eres de aquellos que no eran tan relacionado con lo físico, es decir, que no eran deportistas, la Gráfica de Relación de tu cuerpo y salud será un poco distinta. Hay muchas personas para quien sus grandes alegrías son más cerebrales que físicas. De todas formas, algunos problemas de salud pueden limitar tu habilidad de leer, usar computadora o hacer lo que te gustaba. Esto no es para sugerir que no tenías relación con tu cuerpo o tu salud, ni que la disminución de salud no te afecte en gran manera; de hecho, es a veces la pérdida de ciertas habilidades físicas que te hacen caer en la cuenta de que no destinaste suficiente tiempo a las actividades físicas.

En la Gráfica de Relación sobre las actividades físicas normalmente hay otras personas involucradas. En deportes estarán los compañeros de equipo, entrenadores y otros que eran parte de ese mundo. De nuevo, algunos te caerían bien, otros no. Cada uno de ellos es parte de una mini relación que posiblemente necesites explorar. "Gracias por ser un compañero de equipo, recuerdo cómo me dabas ánimo, realmente me ayudó". O "Nunca me ayudaste a ser parte del equipo. Te perdono que hayas sido tan egoísta".

Para mucha gente, los deportes, las excursiones, el baile y otros intereses activos les sirven para equilibrar eventos en sus vidas y les ayudan a reducir las presiones causadas por el trabajo y otras preocupaciones. El uso de nuestros cuerpos puede ser muy terapéutico y nos saca de nuestra mente. Perder la habilidad de estar activos físicamente puede ser una pérdida tremenda y no debe ser ignorada o minimizada. También es común que cuando nuestra salud disminuye, perdamos nuestro sentimiento de independencia, que es parte de estar físicamente sano. No minimices el hecho de que ciertas condiciones de salud restringen nuestra capacidad de manejar, lo que también nos roba nuestro sentimiento de independencia. La pérdida de la salud, más que la mayoría de los factores, le provoca a la gente sentirse vulnerable y con ello una pérdida de seguridad.

Cuando escribas tu Carta de Resolución algunas de tus declaraciones emocionales importantes pueden ser a personas que fueron parte de los aspectos físicos de tu vida, pero parte de lo que necesitas decir se dirigirá a tu propio cuerpo. Aunque pueda parecer tonto, creemos que es una buena idea agradecer a tu cuerpo por todo el placer que has recibido usándolo en las actividades que te complacían. En la sección de carrera mencionamos que la Carta de Resolución era un buen lugar para decirle "adiós" a las esperanzas y los sueños que alguna vez tuvimos y que no se lograrán, para desarrollar nuevas esperanzas sobre cosas que podemos alcanzar. Lo mismo pasa con la salud. Es importante usar esta gráfica y carta como una oportunidad para decir adiós a lo que alguna vez podíamos hacer, para enfocarnos en lo que sí podemos hacer ahora.

Al referirte a los asuntos de tu salud puedes caer en cuenta que parte de lo ocurrido puede ser producto del buen o mal cuidado que diste a tu cuerpo. De ser así, la gráfica y la carta son los lugares ideales para pedirte disculpas a ti mismo por el descuido. Sabemos que puede sonar un poco tonto, pero hazlo de todas formas. Algunas personas prefieren perdonarse a sí mismas, más que pedirse disculpas. Es tú elección.

Un punto final, muchas personas adquieren ideas negativas acerca de su cuerpo o su habilidad física o atlética y sobre sus talentos de padres, hermanos u otras personas. Esas imágenes pueden afectarlos durante toda su vida y limitar lo que hacen en relación con los aspectos físicos de sus vidas. De nuevo, la gráfica y la carta son el lugar ideal para perdonar a esas personas que nos limitaron en relación con nuestros cuerpos, nuestra salud y nuestras actividades.

Mudanza

Una mudanza puede ser una de las experiencias de duelo más inadvertidas. Para entender porqué sólo se necesita aplicar nuestra definición de duelo, que *es el resultado de las emociones contradictorias que experimentamos cuando sucede un cambio en lo que era un patrón normal de comportamiento.* Nada representa está definición más que una mudanza, donde todo lo familiar cambia.

El mejor modo de presentarlo es leer el libro *Cuando los Niños Sufren* que narra la historia de John W. James y su familia. Aunque parece estar enfocada en el hijo de John, es igual de relevante para todos, sin importar la edad.

En 1987, John, su esposa Jess y su hijo Cole, de seis años, se preparaban para mudarse de un departamento en Los Ángeles a una casa en una nueva colonia. Para entonces, John había estado ayudando a personas con pérdidas emocionales por muchos años y sabía que el dolor emocional se puede definir como las emociones contradictorias causadas por el cambio o el final de un patrón familiar de conducta.

John sabía desde hace mucho tiempo que la primera mudanza de una casa a otra es una de las más poderosas experiencias de pérdida que pueden sufrir los niños. Sabía que no importaba si la nueva casa era más grande y más bonita que la anterior. También sabía que no importaba si la mudanza era de una ciudad o estado, o simplemente de una parte de la ciudad a otra.

Los niños con frecuencia sufren con el cambio, pues puede ser atemorizante. El mudarse automáticamente representa cambios en todo lo familiar para un niño. ¿Adivina quiénes también resultan afectados? Si respondiste los padres, estarías en lo correcto.

Con frecuencia, cuando se vive una mudanza significa que hay más dinero y que te cambias a una casa más grande. Eso es positivo. Sin embargo, sin importar el tamaño o condición, los niños están acostumbrados al viejo lugar. Conocen la casa y ella parece conocerlos a ellos. Saben dónde está cada grieta y rincón, ya que es su casa. La emoción que sienten por la nueva casa se mezcla con la tristeza de dejar la vieja. Aun si los niños no amaban la vieja casa, estaban familiarizados con ella. Está mezcla de sentimientos positivos y negativos ilustra lo que queremos decir con la frase "emociones contradictorias".

A veces la suerte cambia y la mudanza es de una casa mayor a otra menor. Esta mudanza no sólo representa un cambio en lo normal, sino que le añade los sentimientos negativos asociados con las dificultades financieras. Aunque los niños pequeños no reconozcan o se relacionen con problemas de dinero, de cualquier forma se ven afectados por las actitudes de sus padres. Los niños con frecuencia oyen a sus papás pelear en la noche por asuntos de dinero u observan que entre ellos algo no está bien.

Es conveniente que todos los grandes cambios creen una energía emocional en niños y adultos.

Cole estaba emocionado por tener una casa con patio, alberca y un cuarto más grande. Al mismo tiempo, estaba triste por irse lejos de los amigos que hizo en su vieja escuela y en su colonia. John sabía que la mudanza era una oportunidad de oro para enseñarle a Cole cómo tratar con la confusión de sentimientos que estaba experimentando.

John y su familia hicieron un paseo emocional en su departamento. Hablaron de las cosas que habían compartido en cada cuarto. Cole rápidamente entró en el espíritu de la ocasión. Hablaron de las experiencias felices y tristes que compartieron en cada cuarto. Agradecieron a cada habitación haberlos asegurado y protegido del clima frío o caliente. Recordaron cosas importantes, como cuando Cole perdió su primer diente y aprendió a escribir su nombre. Y al dejar cada cuarto, le dijeron "gracias" y "adiós".

Este ejercicio no sólo era para beneficiar a Cole. John y Jess también recordaron y hablaron sobre muchos de sus recuerdos, buenos y malos. El proceso les ayudó mucho a los tres. El día de la mudanza, con lágrimas en los ojos, Cole le dijo adiós al único hogar que había conocido. Cole se adaptó muy bien a la nueva casa. Al concluir su relación con el viejo departamento, estaba listo para establecer una nueva relación con la nueva casa. John y Jess aún tienen buenos recuerdos del viejo departamento en el que Cole pasó sus primeros año, y han construido muchos nuevos recuerdos maravillosos en su nueva casa.

Pronto, Cole se irá a la universidad. Aunque su habitación sólo la ocupará en las fiestas y vacaciones, tendrá que seguir las mismas acciones que hace trece años, reconociendo que muchas de sus actividades cotidianas cambiarán como resultado de esa mudanza. John y Jess estarán con Cole y juntos recordarán los eventos de los últimos trece años. Ahora, la mayor parte de su vida se desarrollará en el dormitorio de su escuela, donde tendrá nuevos patrones normales de comportamiento. Y probablemente ya te imaginaste lo que Cole tendrá que hacer cuatro años después.

Hazlo, aun si parece tonto. Recomendamos que cuando te mudes sigas las acciones de la historia de John recién descritas, incluso si no tienes hijos. Lo más importante es no hacerlo solo. Recuerda que John, Jess y Cole lo hicieron juntos, cada uno hablando de sus propios recuerdos en cada cuarto del departamento. Aun si vivías solo, asegúrate de tener algún amigo contigo cuando hables de tus recuerdos y digas "adiós".

Nos hemos encontrado incontables ejemplos del efecto negativo en adultos y niños que no concluyen una relación tan importante como son sus casas. Este sencillo ejercicio puede ayudar a asegurar una transición fácil a la siguiente casa.

Uno de los beneficios adicionales de estas acciones es que puedes descubrir asuntos emocionales pendientes acerca de las relaciones con otras personas y con tu pasado. Puedes seguir las acciones que aprendiste en este libro y regresar a superar tus nuevos descubrimientos.

Aun si este ejercicio te parece tonto, no podemos exagerar su importancia, hazlo de cualquier manera.

SUGERENCIAS DIVERSAS

¿Cuántas flechas se deben poner en las Gráficas y Cartas de la Historia de Pérdidas, en las de relación y en las cartas?

Con frecuencia nos preguntan cuántos eventos debe haber en la Historia Gráfica de Pérdidas o en la Gráfica de Relación. Como las personas son tan diferentes, no hay una respuesta exacta o correcta. Una diferencia se refiere al estilo personal. John tiende a hablar y escribir con un número limitado de palabras. Russell tiende a ser más verbal. Si te fijas en sus respectivas Historia Gráfica de Pérdidas y sus Gráficas de Relación en este libro, podrás notar esa diferencia. John tiene nueve flechas en su Historia Gráfica de Pérdidas, mientras que Russell tiene trece. John tiene ocho flechas en la Gráfica de Relación con su hermano, y Russell tiene trece en la relación con su ex esposa. Recuerda que estas gráficas son ejemplos para demostrar la técnica y no representan la totalidad de las gráficas originales. Pero sí muestran la diferencia de estilos entre John y Russell.

No hay reglas fijas respecto a cuántas flechas tienen que estar en cada gráfica. El propósito es exactitud más que volumen. Hemos visto personas que ponen demasiadas flechas en la Historia Gráfica de Pérdidas o en la Gráfica de Relación y no obtuvieron los beneficios. Se volvieron repetitivas y listaban cada una de las ocasiones en que pasaron situaciones similares. Esto no quiere decir que no sufriste un número enorme de pérdidas por muerte. Una clave sería hacer una lista de las muertes de personas con las que tuviste relación. Sin juzgar, sugerimos que la muerte de tu primo segundo, a quien sólo viste dos veces en tu vida, no necesita aparecer en tu Historia Gráfica de Pérdidas.

En cuanto al número de flechas, como regla general para una Historia Gráfica de Pérdidas se deben tener entre seis y veinte. De las miles que hemos visto, el promedio probablemente sea alrededor de quince. Si te vas mucho más allá de este número, necesitas ver si no estás repitiendo eventos similares o incluyendo gente con quien sólo tenías una relación limitada.

La Gráfica de Relación puede tener entre cinco y quince eventos arriba de la línea y los mismos por debajo. Dependiendo si la relación fue esencialmente positiva o negativa, tu gráfica estará enfocada en un lado o en el otro. Pero si empiezas a tener demasiadas en cualquier lado, fíjate que no estés repitiendo el mismo tipo de evento una y otra vez. No se necesita repetir lo mismo. Eso acarrea el riesgo que te quedes atrapado en el dolor o en una imagen irrealmente positiva de esa relación.

Lo mismo aplica para la Carta de Resolución de Pérdidas Emocionales que creas más tarde a partir de la Gráfica de Relación.

Compasión vs. negación

Un cliché que entró en nuestro lenguaje moderno y puede crear verdaderas dificultades para la superación emocional es: "Hizo lo mejor que pudo con lo que tenía para trabajar". Esto se dice, típicamente, de alguien con quien no tuviste una buena relación. Aunque sea intelectualmente correcto, no te ayuda mucho emocionalmente. Hemos conocido gente que añadió eso al fin de sus Cartas de Superación y que nos llaman algún tiempo después para decirnos que no se sienten recuperados emocionalmente. En la carta escribieron: "Hiciste lo mejor que pudiste con lo que tenías para trabajar". Cuando lo hacen, sin darse cuenta anulan el perdón que dieron con anterioridad en sus cartas y, sin proponérselo, excusan el mal comportamiento. El hecho intelectual es que lo que la gente hace siempre es lo mejor que puede, de otra forma lo harían diferente. El lado triste del hecho es que lo "mejor" de alguien por poco nos destruye.

Para ser justos cualquiera de tus padres, u otros que te educaron, pueden haber sido víctimas de una niñez horrible–o víctimas de personas y eventos en su vida posterior. Pueden haber sido expuestos a alcoholismo, enfermedad mental, o crueldad. Por ello, les puedes tener algo de compasión. Pero es probable que mientras arrastraron el impacto de esas situaciones en sus vidas, también te afectaron como resultado de lo que les hicieron a ellos. A pesar de lo que te hicieron y si tienes un sentimiento de compasión por lo que les pasó a ellos, hay una forma más benéfica de decirlo. Más que excusarlos al decir que fue lo mejor que pudieron hacer, y de esa forma negar el perdón que les otorgaste anteriormente en tu Carta de Resolución, puedes decir: "Papá, tengo compasión por ti y todas las cosas que te afectaron". Esto debe estar cerca del final de la carta y después de haber otorgado los perdones necesarios.

SIN PREGUNTAS, SÓLO AFIRMACIONES

Otro peligro en las Cartas de Resolución es hacer preguntas. Obviamente, una pregunta en una carta dirigida a una persona que ya murió no puede ser respondida. Hemos visto a algunas personas cuestionar cosas como: "Papá, ¿por qué no tuviste mayor cuidado con tu salud?". Hacer una pregunta que no tiene respuesta, aun una retórica, te deja incompleto. Como el objetivo de la Recuperación de Pérdidas Emocionales es quedar emocionalmente superado, no te arriesges a fracasar al hacer preguntas que no pueden contestarse.

Aunque es claro que las personas que murieron no pueden contestar tus preguntas, tampoco es recomendable hacerlas a quienes viven en las Cartas de Resolución. Te recordamos que tus cartas nunca deberán ser dichas a las personas vivas a quien te diriges. Eso es debido a que tu carta contendrá perdones, los que nunca se deben realizar en forma directa. Por ello, dado que la persona no va a escuchar tu carta, no puedes obtener respuesta a las preguntas. Eso no quiere decir que no les puedas hacer preguntas a personas vivas cuando las veas o hables con ellos, esa es tu decisión. Pero no hagas preguntas en las Cartas de Resolución.

Usa una posdata para completar asuntos emocionales adicionales

Posiblemente hiciste tus Gráficas de relaciones y Cartas de Resolución hacia tus padres y otras personas que afectaron tu vida, y aun no te sientes superado emocionalmente. De ser así, regresa y enfócate en esos aspectos de la relación que contribuyeron a tu pérdida de confianza, seguridad, normalidad y de tu infancia.

Puedes hacer una mini gráfica y después una carta posdata (PD) acerca de esos elementos de la relación en los que recuerdes eventos o situaciones en que te sentiste inseguro o desconfiado.

Hay lineamientos específicos para Cartas PD en las páginas 157-160 bajo el encabezado: *"¿Qué hacer con los nuevos descubrimientos? La Historia de la Ventana de Cole".* La carta PD de John a su padre demuestra que no tienes que volver a hacer toda la Gráfica de Relación y la carta, sólo tienes que tratar con la situación particular que surgió.

Después de hacer una mini gráfica y una Carta de Resolución PD, tienes que asegurarte de que la leas en voz alta a alguna otra persona, alguien que califique como "escuchante seguro" para ti. Usa los lineamientos de "Escuchar y leer" de las páginas 151-154.

PALABRAS FINALES

La superación del dolor emocional o de una pérdida es alcanzada al realizar una serie de acciones pequeñas y correctas que hace el doliente. Estamos encantados de haber tenido esta oportunidad, en la edición del vigésimo aniversario, y de proporcionar algunas instrucciones adicionales para ayudarte a realizar dichas acciones.

Sabemos que muchas personas van a leer este libro, disfrutarlo y beneficiarse. Pero no harán las acciones de recuperación. Nos sentimos honrados de que has leído y apreciado este libro. Nos sentiríamos aún mejor si regresas y realizas las acciones de recuperación, con o sin una pareja. Por favor, no permitas que la experiencia de leer y entender este libro te adormezca en la idea de que estás recuperado, lo cual sólo es resultado de la acción.

Como siempre, tienes nuestro apoyo y nuestro respeto por tu valor y voluntad.

John W. James y Russell Friedman

El Instituto Grief Recovery: Servicios y Programas

El Instituto Grief Recovery y miles de afiliados, ofrecen una variedad de programas para dolientes. Los Especialistas Certificados del Método Grief Recovery facilitan los Talleres de Superación de Pérdidas Emocionales en ciudades grandes y pequeñas de Estados Unidos, Canadá, México y otros países. Ya hay programas en otras partes del mundo.

Los talleres del programa de Superación de Pérdidas Emocionales están diseñados para ayudar a los dolientes a superar el dolor causado por una pérdida importante. Los talleres son ideales para las personas que tienen dificultad para encontrar una persona que les ayude a desarrollar el trabajo descrito en este libro.

La Certificación en Superación de Pérdidas Emocionales autoriza el uso de nuestra marca registrada. Busque la marca Grief Recovery®. Esto dará la seguridad de que el facilitador ha tenido acceso a nosotros y usa nuestro programa tal como ha sido diseñado.

El Instituto Grief Recovery es el lugar de entrenamiento del programa de Certificación.

El Instituto Grief Recovery organiza seminarios intensivos para dolientes y provee conferencistas para una amplia gama de organizaciones.

Para información de nuestros programas, por favor contáctenos en inglés:

En Estados Unidos de América
Grief Recovery Institute
PO Box 56223
Sherman Oaks, CA 91403
(888) 773 2683

UNA NOTA DE NUESTROS SOCIOS EN MÉXICO

Muchas personas entran a este campo avasallados por el dolor y buscando una solución. No es mi caso. A mi me llamó la atención el apoyo a los dolientes cuando estaba sentado en la parroquia. Solicitaron nuevos voluntarios para el grupo de Apoyo a los Dolientes. Poco me podía imaginar que la satisfacción que encontré en ese trabajo de voluntario cambiaría mi vida tan profundamente. En el trabajo voluntario escuchaba a quienes acababan de perder a algún ser querido y requerían apoyo espiritual en su parroquia. Al sentirse escuchados sentían algo de alivio. Yo no estaba satisfecho. Después descubrí el Método Grief Recovery, método enfocado completamente en la superación del dolor emocional producido por cualquier tipo de pérdida. Recibí entrenamiento exhaustivo, tanto en México como en Estados Unidos. Por fin encontré la forma de ayudar eficazmente a las personas en su recuperación emocional.

Se me hizo tan trascendente el conocimiento y las habilidades adquiridas que dejé una trayectoria de 30 años en finanzas y sistemas de computación para dedicarme, junto con mi esposa, Alejandra, a propagar el Método Grief Recovery entre las personas de habla hispana. Decidimos iniciar el instituto afiliado al Grief Recovery Institute, llamado Método Grief Recovery México, para estar más posibilitados de ayudar a los dolientes a la superación que los coloque más allá de su dolor. Para lograr el objetivo de llevar ayuda al mayor número de dolientes en el menor tiempo posible, hasta la fecha hemos certificado a muchas personas quienes a su vez están trabajando con el Método Grief Recovery en varias ciudades del país.

Alejandra buscó muchos modos de manejar su dolor emocional antes de encontrar el Entrenamiento para la Certificación en el Método Grief Recovery. Con este Método fue capaz de dejar de utilizar un "lenguaje racional" y comenzar a utilizar las herramientas y el lenguaje que restaura el corazón. Ahora es una apasionada de la enseñanza de este programa que le proporcionó una vida nueva.

Llámanos:

TELÉFONO EN MÉXICO +52 (55) 5245-1658

WHATS APP +52 (55) 2368-6660

Visítanos en línea:

EN INGLÉS	**www.griefrecoverymethod.com**
EN ESPAÑOL	**www. metodogriefrecovery.com** **www. superandoperdidasemocionales.com**
e-mail	**info@metodogriefrecovery.com**

Reconocimientos

De John:

Después de treinta años, hay demasiada gente para agradecerles individualmente. Pero hay algunas personas del pasado que no pueden dejar de ser mencionadas. Personalmente quisiera reconocer a: Tommy Atkinson, Dan Brintlinger, John Borgwardt, Duane Chambers y Steve y Terry Huston. Ellos deben recibir un reconocimiento y mi agradecimiento especial por los primeros días. Quiero agradecer a Frank Cherry, mi primer socio, que estuvo ahí al principio.

Esta edición revisada tiene su propia lista de personas a quien agradecer. Ellos son: Jonathan Diamond, nuestro agente, y Trena Keating, nuestra muy capaz y divertida en el teléfono editora de HarperCollins.

Necesito y quiero agradecer a mi socio y amigo Russell. Él es el voluntario que nunca se ha ido. Ahora es mi socio en nuestra misión. Nos reímos y lloramos juntos y de alguna manera nos hemos arreglado para llevar nuestro mensaje de esperanza a aquellos que más lo necesitan.

Quiero agradecer a mis dos hijos. Allison tenía doce la última vez que escribí un reconocimiento. Durante los últimos veinte años, cerré los ojos por lo que creí que era un momento. Cuando los volví a abrir, ella era bella y magnífica y tenía treinta y dos años.

Hace veinte años nuestro hijo Cole sólo tenía seis. Una vez un entrevistador le preguntó si sabía que hacía su papá. Pensó por un momento y dijo: "Mi papá ayuda a gente triste". Estaba en lo cierto entonces y sigue estando en lo cierto ahora. Tiene veintiséis años, mide 1.88 metros, pesa 80 kilos. No puedo expresar cuánto los quiero a los dos.

Quiero y necesito agradecer a los cientos de miles de dolientes que han compartido su dolor, esperanzas y sueños conmigo. Me siento honrado. Sin su honesta participación, no hubiera sido posible que el Instituto de Superación de Pérdidas Emocionales haya tenido tanto éxito y alcanzado a tanta gente adolorida.

¿Cómo puedo agradecer y reconocer a mi esposa, Jess Walton? Después de la muerte de mi hijo, pensé que nunca más sería feliz. Como muchos otros me reía en el exterior mientras lloraba por dentro. Entonces Jess llegó a mi vida. Ella ha estado conmigo a través de todos estos años. Ella ha apoyado alegremente este esfuerzo pionero para ayudar a dolientes. Ha soportado mis viajes, largas horas de trabajo y personas llorando en nuestra sala. Hasta ha ido a programas de concurso para ganar dinero para su proyecto altruista favorito, el Instituto de Superación de Pérdidas Emocionales, aun cuando la cuenta de teléfono está atrasada y con pago inalcanzable. Durante todo este tiempo ella ha estado trabajando en el campo de actuación que escogió. Ha ganado muchos halagos de sus seguidores y compañeros. Tenemos dos premios Emmy sobre la chimenea.

Es una persona glamorosa en una profesión glamorosa y no hay nada de glamoroso en lo que yo hago. Se que ella entiende cuánto la amo y la aprecio, pero quiero agradecerle y decirle, te amo, de todas maneras.

– *John W. James*

De Russell:

Amigos y conocidos, cuando saben lo que hago, siempre preguntan si lo que hago me drena emocionalmente. Mi respuesta es "Lo que hago me levanta emocionalmente. Hay muy pocas cosas que me puedo imaginar que llenarían mi corazón y mi alma tan completamente. Cada vez que ayudo a un doliente, se siente mejor. Yo también"

Los principios y las acciones del Método de Superación de Pérdidas Emocionales han cambiado mi vida de muchas maneras. Nunca he estado más contento. Y cuando estoy triste, estoy realmente triste. Todos los sentimientos son buenos. La vida ya no es esclavizante o algo que debe ser enfrentado.

Mis agradecimientos especiales y amor van a:
Mi mamá – te extraño
Mi papá – mi amigo
Mi socia en la vida – Alice
Mi socio en el trabajo y amigo – John W. James
Mi hija, Kelly
Mi amiga Claudia
Mi sobrina Gabi y su mamá Liza
Mis magníficas hermanas gemelas, Margie y Patti
Mi maravilloso hermano pequeño, Ken
Mis encantadoras ex esposas, Vivienne y Jeanne
Mi santo personal, Víctor
Mis compañeros de golf, Laurie, Willie, Frank y Ken. Quienes han tolerado mis cambios de humor y mi *swing* de golf.
Y los sospechosos habituales, especialmente Kathleen y Deb.

– Russell Friedman

MÉTODO GRIEF RECOVERY MÉXICO

Para información de nuestros programas, por favor contáctenos en español:

– Arturo Albin y Adriana Curzio

Llámanos:

TELÉFONO EN MÉXICO +52 (55) 5245-1658

WHATS APP +52 (55) 2368-6660

Visítanos en línea:

EN INGLÉS	**www.griefrecoverymethod.com**
EN ESPAÑOL	**www. metodogriefrecovery.com** **www. superandoperdidasemocionales.com**
e-mail	**info@metodogriefrecovery.com**

Manual *Superando Pérdidas Emocionales* se terminó de imprimir en enero de 2025 en los talleres de Aristalia S.A. de C.V. El tiraje consta de 1 000 ejemplares, sobre papel Bond de 90 gramos y forro en cartulina Couché de 300 gramos.

www.ingramcontent.com/pod-product-compliance
Lightning Source LLC
LaVergne TN
LVHW010055170826
845678LV00012B/2143
9781931558013